暨南大學经济学文库

本书的出版得到以下项目的资助：国家自然科学基金青年项目（批准号：71203077）；国家自然科学基金重点项目（批准号：71333007）；中央高校基本科研业务费专项资金（暨南远航计划，批准号：12JNYH002；暨南跨越计划，批准号：12JNKY001；暨南大学引进人才配套项目，批准号：12614802）；广东省学科发展专项基金（理论经济学学科）

吸收能力、技术溢出与本土供应商生产率

Absorptive Capacity, Technology Spillovers and Domestic Suppliers' Productivity

杨亚平 著

经济管理出版社
ECONOMY & MANAGEMENT PUBLISHING HOUSE

图书在版编目（CIP）数据

吸收能力、技术溢出与本土供应商生产率/杨亚平著．—北京：经济管理出版社，2014.6
ISBN 978-7-5096-3160-7

Ⅰ．①吸…　Ⅱ．①杨…　Ⅲ．①制造工业—工业企业管理—研究—中国　Ⅳ．①F426.443

中国版本图书馆 CIP 数据核字（2014）第 125644 号

组稿编辑：杨雅琳
责任编辑：杨雅琳
责任印制：黄章平
责任校对：陈　颖

出版发行：经济管理出版社
（北京市海淀区北蜂窝 8 号中雅大厦 A 座 11 层 100038）
网　　址：www. E-mp. com. cn
电　　话：（010）51915602
印　　刷：三河市延风印装厂
经　　销：新华书店
开　　本：720mm×1000mm/16
印　　张：13
字　　数：194 千字
版　　次：2014 年 11 月第 1 版　　2014 年 11 月第 1 次印刷
书　　号：ISBN 978-7-5096-3160-7
定　　价：48.00 元

前言

随着经济全球化的日益深入，我国制造业已全面、深度地嵌入全球生产网络中。一方面，我国成为跨国公司海外研发、生产和采购的首选地，本土企业与外商投资企业在国内市场展开竞争与合作；另一方面，我国在全世界的贸易地位持续上升，本土企业参与出口活动角逐国际市场。但长期以来，制造业企业特别是供应商的生产率和技术能力并没有随外商直接投资（Foreign Direct Investment，FDI）的持续快速进入和企业出口强度的提高实现同步提升。本书以本土供应商（为外商投资企业提供中间产品的国内供应商以及为国际买家提供产品的出口供应商）的全要素生产率（Total Factor Productivity，TFP）提升为研究对象，基于我国制造业嵌入全球生产网络和参与国际分工的背景，在国际技术扩散的分析框架下，重点研究供应商吸收能力和技术溢出对企业生产率提升的影响。

在理论研究部分，本书以微观溢出主体为研究对象，分析跨国公司进入前后的后向关联效应以及存在溢出效应时的后向关联效应；建立吸收能力、技术溢出与技术水平提升的局部均衡模型，把吸收方吸收能力对生产率的影响分为直接的促增效应和间接的调节效应，即供应商吸收能力的增强一方面直接促进企业生产率提升，另一方面调节其吸收外溢知识的效果，进而提升生产率。

在实证研究部分，本书对中国工业部门和广东省工业部门引进FDI的历程以及外商投资企业发展的现实情况进行研究，运用两期DEA的Malmquist生产率指数方法测算中国工业部门1980~2008年的TFP，建立FDI进入与工业部门生产率变化的计量模型，提炼出两者具有紧密关系的典型事实。利用中国制造业和广东省制造业大样本微观面板数据，基于 Levinsohn - Petrin 半参数方法估计企业 TFP，通过建立计量回归模型，重点考察了 FDI 通过后向关联渠道对本土供应商生产率的影响、出口强度以及吸收能力对本土供应商生产率的影响。利用珠江三角洲（以下简称珠三角）制造业供应商问卷调查数据，重点考察了吸收能力在供应商吸收不同类型知识中的调节作用。实证研究结果有以下发现：

第一，FDI 的持续进入对中国工业部门的 TFP 以及技术进步存在显著的溢出效应。改革开放以来（1980 ~ 2008 年），中国工业的 TFP 整体呈现增长态势，技术进步起着主要作用。要素密集度不同的行业，TFP、技术进步和技术效率的变化存在明显差异，中国工业部门存在显著差异的技术结构。FDI 主要进入制造业中劳动密集型以及技术密集型的行业。从整体上看，FDI 持续进入对中国工业部门的 TFP 以及技术进步存在显著的溢出效应，并且溢出效应主要集中在劳动密集型以及技术密集型行业，对资源密集型行业以及资本密集型行业的作用不明显，FDI 对工业部门的技术效率作用不明显。外资企业相对于本土企业具有一定的技术优势是产生 FDI 溢出效应的前提。基于 Levinsohn - Petrin 半参数方法估计中国制造业企业的 TFP，结果显示，外资企业生产率水平高于本土企业，并且私营企业高于全部本土企业、国有企业，出口强度大的本土企业生产率优势明显。

第二，FDI 通过后向关联对东道国本土企业存在正向的溢出效应。通过对全国工业企业面板数据和广东省制造业企业面板数据的回归分析发现，FDI 的后向关联溢出效应在当期为负，在滞后期显著为正；技术扩散是一个耗费成本的学习过程，技术溢出通过提升企业技术能力促进了本土供应商生产率的提高。

第三，本土企业的企业性质、企业股权结构等特征也影响后向关联溢出效应的大小。从企业所有制类型来看，通过后向关联渠道，FDI 对外资企业和私营企业的全要素生产率提升都有正面影响，对国有企业则有负面影响。从股权结构影响来看，外资股权的参与提高了本土企业全要素生产率，国有股权不利于企业生产率提升，私营股权的影响不明显。参与出口的本土企业相比不出口更容易获得正向的后向关联溢出效应，并且随着出口强度加大溢出效应有增强趋势。

第四，吸收能力对本土企业生产率提升具有直接的促增作用和间接的调节作用。全部本土企业以及私营企业的吸收能力在后向关联溢出渠道上的调节效应均显著为正。在水平溢出和前向关联溢出渠道上，本土企业的吸收能力对溢出效应产生替代作用。

第五，我国出口企业的 TFP 高于非出口企业，出口企业存在生产率的静态优势。存在生产率优势的国内出口企业选择进入出口市场，出口企业存在自我选择效应。我国出口企业在持续出口两年内都存在生产率下降现象，即出口企业短期内不存在学习效应。但这种生产率下降趋势在不断收窄，并且在持续出口三年内生产率下降趋势得到遏制。出口企业的出口强度与生产率水平呈倒“U”型关系，且纯出口企业的生产率水平低于其他出口强度的生产率水平。企业吸收能力不仅与生产率呈正相关，同时对出口强度与生产率的关系具有正向调节效应，当企业具有较强吸收能力时，扩大出口强度能促进生产率的提升。

第六，跨国公司的显性知识溢出和隐性知识溢出均有利于本土供应商的创新绩效，供应商的吸收能力有利于其创新绩效的提升，还能强化知识溢出对创新绩效的促进作用。通过对供应商的问卷调查还发现，原材料和中间产品供应商相比成品供应商更容易获得隐性知识溢出；出口供应商从外资客户中获得的显性和隐性知识溢出不明显；技术密集型企业比劳动密集型企业更容易获得外溢知识；私营企业和外资企业的吸收能力对创新绩效存在正向促进作用，隐性知识溢出作用显著。

最后，本书针对研究结论提出相应政策建议。

杨亚平

2014 年 7 月

目 录

第一章　导论

第一节　问题提出、研究目的和意义

一、问题提出

近年来，中国成为吸引外商直接投资（Foreign Direct Investment，FDI）存量最大和流入速率最高的国家之一。据《2012 年世界投资报告》数据，中国2011 年 FDI 流入量增长8%，达到1240 亿美元，世界排名第二，仅次于美国（2269 亿美元）。据世界贸易与发展组织 2012 年进行的世界投资前景年度调查报告显示，在由跨国公司评选出来的最受欢迎的东道国排名中，中国排名第一，领先于排名第二的美国和排名第三的印度。中国在此项调查中一直排名首位，显示中国是对 FDI 最具吸引力的经济体之一（UNCTAD，2012）。随着 FDI 持续快速地进入中国，外商投资企业在不断利用国内制造业的低成本优势过程中，在保持产品品质和服务质量的前提下，也加大了在国内采购的规模和力度，并有将市场中心转向国内、将制造业高端环节转移至中国的趋势。据《中国外商投资报告（2011）》统计数据，2010 年 FDI 主要集中于通信设备、计算机及其他电子设备制造业，交通运输设备制造业，专用设备制造业，通用设备制造业，化学原料及化学制品制造业，医药制造业等资金和技术密集型行业。根据联合国贸易发展组织的调查，中国是全球跨国公司海外研发活动的首选地，62%的跨国公司将中国作为其2005～2009年设立海外研发机构的首选之地。

跨国公司相对本土企业通常具有技术优势，随着其投资规模的不断扩大、本土化采购水平的提高和高端环节的转移为FDI先进技术在国内企业的扩散提供了有利条件。根据理论研究结论，FDI作为国际技术扩散的重要渠道，能对东道国企业产生大量知识和技术溢出（Technology Spillovers），这也正是大多数国家吸引FDI的主要目的之一。然而，关于FDI存在正向溢出的经验研究结论并未达成一致性意见，即使是参与同一生产网络和处于相同技术溢出背景下的国内制造企业，其技术进步速率和价值链环节攀升情况存在较大差异。一些研究结果还表明，跨国公司的存在对东道国（特别是发展中国家）企业的生产率起负面作用（Gorg、Greenaway，2004）。

与此同时，中国又是世界上的贸易大国。根据世界贸易组织2013年公布的统计数据及预测报告可知，2012年，中国货物出口额占全球货物出口的11.2%，居世界第一位。尽管全球贸易步入低位增长阶段，中国的贸易地位在持续提升。然而，出口活动与企业生产率的关系存在较大争议。出口促进论认为，发展中国家企业通过出口中学习能带动企业生产率的提升。相比纯内销企业，出口企业毫无疑问面临着更为丰富的国际知识和技术溢出环境，这为出口企业吸收外溢知识提供便利条件。但克鲁格曼曾指出，依赖出口导向型政策发展的东亚国家，其经济增长完全来自于要素投入的增加，并无全要素生产率（Total Factor Productivity，TFP）的贡献。Bernard（2004）也表示，多数情形下出口活动的这种带动作用仅表现为因成本得到降低而获得的效率提升，并不是自主技术创新带来的生产效率提高。

究其原因，一方面，技术溢出并不是一个自动发生的过程，吸收能力（Absorptive Capacity）被认为是影响溢出效应的关键因素（Cohen、Levinthal，1990；Wang、Blomstrom，1992；Kokko，1994；Keller，2004；Girma，2005b）；另一方面，研究者可能在错误的方向上寻找溢出效应，FDI技术不是在水平方向上溢出，而是通过后向关联渠道，通过当地中间品供应商和跨国公司子公司直接的联系而产生（Javorcik，2004）。

可见，最大化供应商的溢出效应既需要建立和加深与外资客户的直接联系，还需要推进本土企业对技术外溢知识的消化、吸收和应用过程。本书以全球化和国际生产网络为背景，以本土供应商（为外商投资企业提供产品的国内供应商以及为国际买家提供产品的出口供应商）的 TFP 提升为研究对象，在国际技术扩散的分析框架内，考察本土企业吸收能力影响溢出效应和生产率提升的微观机制，探讨出口活动和后向关联对供应商生产率提升的影响，并开展微观层面的实证研究，以期得出有价值的结论。

二、研究目的和意义

1. 研究目的

本书的研究目的主要表现在以下四方面：

（1）基于国际技术溢出理论框架，分析 FDI 通过后向关联溢出渠道对本土企业生产率的影响机理和作用路径。

（2）利用中国制造业企业微观面板数据，围绕后向关联溢出效应的存在性及其差异性、吸收能力的促增效应和调节效应等命题进行实证研究。利用问卷调查数据，分析吸收能力对隐性知识和显性知识溢出以及创新绩效的具体影响。

（3）利用中国制造业企业微观面板数据，围绕出口供应商是否存在自我选择效应和学习效应、出口强度与企业生产率关系、吸收能力对出口强度与企业生产率的影响等命题进行实证研究。

（4）基于相关实证研究的结果和已有文献成果，为本土企业持续成长提供路径选择和能力构建策略，为产业政策和外资政策提供理论支撑和对策建议。

2. 研究意义

本书的研究意义主要体现在以下两个方面：

（1）理论意义。20 世纪 90 年代以来，随着国际资本的加速流动、国际贸易繁荣发展以及发展中国家对引资和出口的高度重视，国际上涌现了大量的关于国际技术溢出的理论和实证研究。近年来，国际上逐渐将研究重点从关注水平方向溢出转向垂直方向特别是后向关联溢出。但现有文献对外资企业与本土供应商之间的知识转移机制和吸收效果还缺乏系统研究和深入解释，尤其是缺乏对以中国为代表的发展中国家（地区）微观层面的理论和经验研究。因此，本书的研究结论具有典型意义，将丰富和发展技术溢出和吸收能力理论，为国际技术扩散中的组织间技术知识溢出效果和技术创新提供新解释。

（2）现实意义。一方面，在国内外经营环境发生巨大变化的背景下，国内制造业粗放式的增长方式愈益变得不可持续。全球金融危机的负面影响以及国际贸易保护主义的重新抬头，进一步恶化了制造业特别是出口企业面临的困境。另一方面，在国内劳动力成本、能源和环境成本明显上涨，外资企业的“超国民待遇”得到终结等环境条件下，国内制造业未来如何持续吸引具有竞争力的专业化环节、留住高端智力资本是值得思考的重大现实问题。因此，本书符合中国制造业转型升级和科学发展的迫切需要，将为新形势下的外资政策和产业政策提供政策参考，为本土供应商制定组织学习和技术创新战略提供新思考。

第二节 研究内容、方法和技术路线

一、研究内容

（1）以微观溢出主体为研究对象，建立数量模型考察跨国公司进入东道国前后的后向关联效应，考察存在技术溢出情况时的挤出效应和联系效应，分析技术差距对后向关联效应大小的影响。

（2）吸收能力影响溢出效应和生产率提升的微观机制。本部分引入吸收能力，分析 FDI 通过后向关联渠道促进本土供应商生产率提升的微观机制。首先，对吸收能力、溢出效应及技术进步进行简单的局部均衡分析。其次，在区分溢出方和吸收方的基础上，分析吸收能力对生产率提升的促增效应和调节效应。针对外部知识的识别技术知识、技术学习和模仿、技术商业应用三个阶段，分别分析吸收能力的调节作用。

（3）FDI 后向关联溢出与本土供应商生产率变化关系的实证研究。本部分关注后向关联溢出效应的存在性和差异性，主要包括以下五个层面的研究：

第一层面，对中国制造业以及广东省制造业引进 FDI 的历程和现状进行研究，从而提炼出 FDI 进入与制造业企业生产率变化具有紧密关系的典型事实。我们重点关注 FDI 的来源地、进入方式、市场导向以及规模比重等在制造业的行业分布特征和变化趋势。

第二层面，利用 DEA 的两期 Malmquist 生产率指数方法测算 1980～2008 年中国工业的 TFP 及其分解项，并分时间阶段和要素密集度分析工业部门的 TFP 及其分解项变化，进而利用计量模型分析 FDI 的进入与中国工业部门生产率变化的关系。

第三层面，利用中国制造业企业数据库，对外资企业和本土企业的 TFP 进行测算和比较。本部分利用由 Levinsohn 和 Petrin（2003）完善的半参数估计方法测算样本企业的 TFP，并和传统的 OLS 方法以及固定效应（FE）、随机效应（RE）模型测算结果进行统计分析和比较分析。统计描述性分析将重点考察本土企业和外资企业的 TFP 的差距及变化趋势，并从企业的出口比例、所有权性质等维度进行分组比较。这部分旨在定量分析 FDI 技术溢出的条件。

第四层面，利用全国工业企业面板数据和广东制造业企业面板数据，分别对 FDI 在水平方向和垂直方向的溢出效应和溢出途径进行计量回归。在计算溢出效应指标时，行业归类将分别采用二位数分类代码和三位数分类代码（与投入产出表对接后，将整理出具有三位数代码的制造业 67 个）。采用微观面板数据和利用有关计量模型对 FDI 技术溢出的存在性进行经验判断。计量研究结果同时回答是否存在竞争示范效应、人员流动效应、前向关联效应和后向关联效应等，同时关注溢出效应的时滞性。

第五层面，在考虑企业异质性和行业特征的基础上，对 FDI 后向关联渠道的溢出效应进行分组计量。对异质性的考察，主要是区分吸收方（本土供应商）的企业类型、股权结构、出口强度等。

（4）本土企业吸收能力特质与溢出效应关系的计量分析。重点关注吸收能力与后向关联溢出之间的数量关系。本部分利用中国制造业大样本微观面板数据和有关计量模型、方法，验证是否存在吸收能力的促增效应、调节效应等命题。在区分吸收方（本土企业）所有权性质、股权结构等基础上，进一步考察吸收能力的调节作用。

（5）出口供应商的出口强度、吸收能力与溢出效应关系的计量分析。本部分首先关注出口供应商是否存在生产率静态优势，这种静态优势是由自选择效应还是学习效应带来的？在此基础上重点关注出口强度与企业生产率的关系，吸收能力对出口强度和企业生产率关系的影响。

（6）FDI 后向关联溢出与本土企业创新绩效问卷调查数据的计量分析。本书利用珠三角制造业供应商企业调查问卷进行实证研究，重点考察吸收能力、知识溢出对本土供应商创新绩效的影响，关注吸收能力在供应商吸收不同类型知识中起到的调节作用。本部分首先对调查数据进行描述性统计，继而通过建立计量回归模型来分析。

（7）政策建议。根据前面的有关研究结论，本部分提出促进本土供应商生产率提升的政策措施。

二、研究方法

（1）理论研究和规范研究方法。融合技术溢出理论、吸收能力理论和企业技术学习理论以及已有研究成果，分析后向关联溢出的机理，建立两个局部均衡模型分析吸收能力、技术溢出和供应商技术水平变化关系，并根据本书的经验研究结论提出有针对性和操作性强的对策建议。

（2）基于微观面板数据的实证研究，采用半参数的 Levinsohn－Petrin 等现代计量方法。本书将重点运用经济计量方法中的面板数据回归分析方法。主要表现在三方面。

第一，在估算 FDI 溢出效应和吸收能力关系时，同时采用条件均值回归方法（普通 OLS 估计方法或面板数据分析）和分位数回归方法（Quantile Regression）进行测算和比较分析。分位数回归方法重点考察解释变量对不同分位点的被解释变量的影响，即考察本土供应商生产率变化与溢出效应之间的动态关系。

第二，在测算企业的 TFP 时，引入优点突出的半参数的 Levinsohn－

Petrin 估计方法，并和 OLS 方法以及 FE 模型方法进行比较。

第三，生产率变化的测算采用非参数的 DEA 两期 Malmqusit 生产率指数方法。两期 DEA 测度的 BM 指数无须取几何平均或者算术平均，能完全避免不可行性解的问题，充分利用研究样本数据，避免了其他指数测算方法的缺陷。

（3）问卷调查研究方法。本书的设计调查问卷对珠三角制造业供应商企业进行调查，重点考察吸收能力、知识溢出对本土供应商创新绩效的影响，关注吸收能力在供应商吸收不同类型知识中起到的调节作用。

三、技术路线

本书研究内容的技术路线如图 1－1 所示。

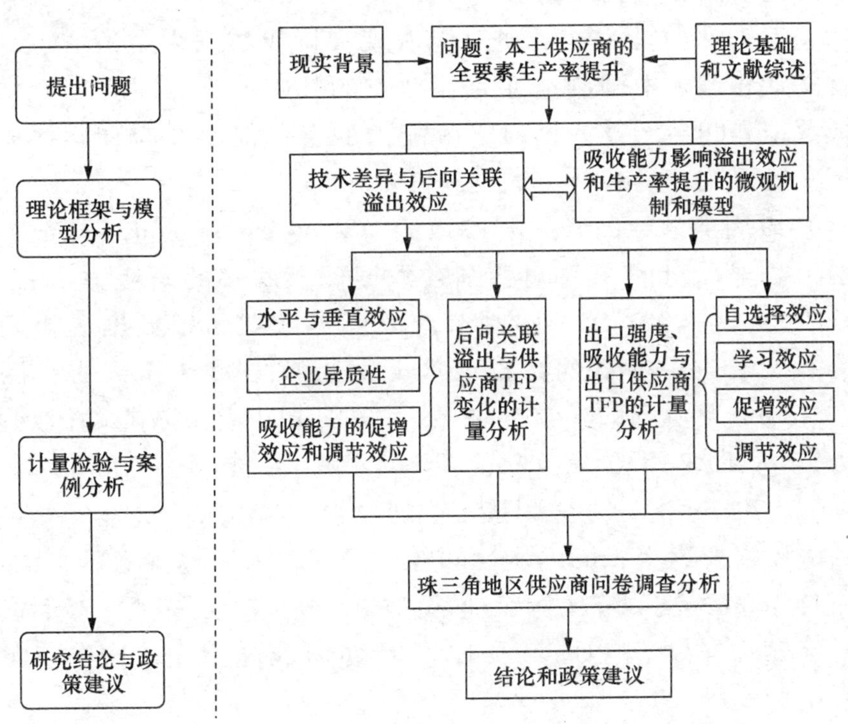

图 1－1 本书研究内容的技术路线

第三节 创新之处

(1) 以技术溢出和吸收能力为视角，在微观层面对本土供应商的生产率提升问题展开专门研究。本书提炼的科学问题具有独特性。一方面，后向关联溢出是国际技术扩散的重要渠道，现有研究对其作用未引起充分重视；另一方面，过去研究大都强调溢出方的溢出效应存在与否，忽视吸收方特别是本土供应商的吸收效果和能力因素。本书从后向关联溢出的溢出方和吸收方入手，对溢出机理、作用路径和吸收能力作用的分析，将丰富和发展现有文献和理论，对中国微观企业的实证研究也具有典型意义。

(2) 针对吸收能力实证研究以宏观和行业数据为主的特点，本书在现有文献和考虑中国制造业企业特点的基础上，同时利用大样本微观面板数据和问卷调查数据对吸收能力的直接促增效应和间接调节效应进行实证研究，具有一定的创新性。

(3) 应用半参数回归 + 非参数的 DEA 两期 Malmquist 指数方法 + 微观面板数据计量回归 + 问卷调查数据计量回归的研究方法。首先，本书采用 1999 ~ 2007 年中国制造业大样本微观面板数据进行回归分析。这不仅能避免横截面数据或产业面板数据容易导致的“因果关系”（Causality）不清的问题，提供了识别 FDI 溢出效应的微观基础，而且便于从更细分层面考察企业间的联系。其次，引入半参数的 Levinsohn – Petrin 估计方法测算企业的 TFP，这能解决经典的估计方法存在的因投入要素带来的内生性问题。再次，采用非参数的 DEA 两期 Malmquist 指数方法测算中国工业部门的 TFP 及其分解项。最后，本书通过对问卷调查数据的计量回归，识别了吸收能力在不同知识类型溢出过程中的作用。

第二章 文献评述

第一节 国际垂直技术溢出研究

一、FDI 技术溢出渠道和溢出机制

1. FDI 技术溢出途径和效应

对 FDI 技术溢出含义的理解，本书主要采用杨亚平（2008）的论述。FDI 技术溢出是指从 FDI 企业到东道国企业之间存在的一种难以内部化收益的知识溢出。从本质属性上说，技术溢出属于知识溢出的范畴，在一定程度上是以技术知识为载体的知识外溢和被吸收、转化的过程。技术溢出的知识既包括产品技术知识、工艺技术知识，还包括使企业技术水平提升的企业组织与管理技术等方面的知识。从涉及的对象来说，FDI 技术溢出是指组织间的技术溢出，是不同经济主体间的知识流动，但这种知识流动主要表现为外资企业向东道国企业的单向流动。在内涵方面，FDI 技术溢出不仅被视为一种结果（溢出效应），也涉及对技术溢出过程的考察。

Caves（1974）把跨国公司对当地厂商的影响分为三类：首先，垄断行业资源配置的改善。由于跨国公司进入具有强大行业壁垒的产业，垄断势力受到遏制，资源配置得到改善。其次，本土企业的技术进步。

跨国公司子公司的进入，对本土企业的竞争压力和示范效应促进其加强技术学习和进行技术改进。最后，由于竞争、反复模仿或其他原因，跨国公司子公司的进入会加快技术扩散的速度。Kokko（1992）系统地把 FDI 溢出效应归纳为示范—模仿效应、竞争效应、人员培训效应以及关联效应。国内企业通过模仿外商投资企业的新技术、新产品和生产工艺、流程和管理经验，提高自身的技术水平产生模仿效应。外商投资企业特别是大型跨国公司的投资，加剧了国内市场的竞争程度，促使国内企业加大人力资本和研发的投入以及对生产技术和生产设备的升级，这产生了竞争效应。外商投资企业对企业内部中方管理、技术人员的先进生产技术和管理制度、理念的培训提升了当地人力资本的存量以及技术管理人员的流动带来的技术扩散，产生人员培训效应和人员流动效应。外商投资企业对上下游企业的技术指导、质量监测、售后服务等带动了上下游企业的技术进步，产生前向和后向的关联效应等溢出效应。不是所有的溢出效应都是正向的，当跨国公司的进入使东道国企业退出市场或生产率下降时，负向的溢出产生。这些负的外部性称为“挤出效应”（Crowding－out Effect）或“偷窃效应”（Stealing Effect），竞争效应和示范效应一般指的是正的外部性。

按照溢出效应是否发生在同一个行业内，FDI 技术溢出可分为行业内（Intra－industry）溢出（或称为水平溢出）和行业间（Inter－industry）溢出（或称为垂直溢出）。行业内溢出效应主要指 FDI 企业与东道国相同行业内企业之间通过竞争、示范等机制，促使 FDI 向东道国产生溢出效应。行业内的溢出效应包括竞争效应、挤出效应和示范效应，是三种效应的净值。FDI 行业间主要是通过外资企业与东道国上下游企业之间的产业关联实现的溢出效应，行业间的溢出效应又可分为前向关联效应和后向关联效应。所以，模仿效应和竞争效应一般发生在行业内，而关联效应一般发生在行业间。

2. 行业内溢出的主要实证研究

理论研究对 FDI 技术溢出的存在性及正面作用给予了一致性的认可，经验研究的结论则呈现多样化而难以给出肯定性的一致意见。经验研究方面以计量研究为主，其研究对象涵盖发达国家、发展中国家以及处于经济转型时期的国家，数据类型从采用非面板宏观数据（时间序列数据和横截面数据）发展到采用微观企业层面的面板数据。回归模型和变量设计方面，大多数计量研究以内资部门的劳动生产率或 TFP 为因变量、以外资部门的参与程度为自变量（通常以外资部门所占的人员比重或销售额比重来表征）来探讨 FDI 的溢出效应。这实际上测算的是 FDI 在同一行业对内资企业的溢出效应（Gorg、Greenaway，2004）。所以，大多数计量研究测算的是行业内或水平方向的 FDI 溢出效应。

早期的计量研究主要采用时间序列或横截面数据，其研究结论一般都支持 FDI 技术溢出存在正向显著效应的观点。Caves（1974）较早地对 FDI 的溢出效应进行计量研究，通过对澳大利亚 1966 年产业层面横截面数据计量分析发现，FDI 的进入与当地产业的劳动生产率有正向关系。早期代表性的研究还有 Globerman（1979）、Blomstrom（1986）、Kokoo（1994）、Driffield（2001）等，他们都提供了正向关系的证据。然而，Gorg 和 Strobl（2001）认为采用横截面数据不能控制多个行业生产率在时间变化上的差异而可能引起选择性偏误（Selection Bias）。因为正向的溢出作用可能是由于跨国公司倾向于投资高生产率产业引起的，并不是真正发生了生产率的溢出。同时，东道国低生产率企业的退出和跨国公司增加的市场份额也会提高产业的平均生存率（Javorcik，2004）。面板数据则在时间段内考察国内企业生产率的变化，而不是某截点的数据，规辟了以上问题。另外，面板数据能在控制其他因素下考察溢出。

中后期的研究采用微观企业层面的面板数据，并改进了计量方法（如采用 Olley - Pakes 的半参数估计法、动态面板估计法等），其研究虽然克服了前期研究的许多困难，但研究结果仍然不令人满意。事实上，对发达国家的研究只有少数几篇企业层面的面板数据文献在总体上找到正向证据，如 Haskel 对英国的研究，Castellani 和 Zanfei（2002）对意大利的研究，Keller 和 Yeaple（2003）对美国的研究，Ruane 和 Ugur（2002）、Gorg 和 Strobl（2003）对爱尔兰等的研究以及 Damijan 等（2001）对罗马尼亚的研究。即使如此，还不排除发表偏见（Publication Bias）的存在（Gorg，2001）。

对发展中国家的企业层面的面板数据文献没有 1 篇找到证据，甚至发现负向影响（Gorg、Greenaway，2003）。Aitken 和 Harrison（1999）利用微观层面的面板数据对发展中国家委内瑞拉的研究得出负向的结论。他们认为，外资的进入是通过挤占本土企业的市场份额和促使本土企业边际成本曲线向右推移对其生产率变化产生负面作用。其他如 Konings（2001）、Zukowska – Gagelmann（2000）等处于经济转型时期的国家的研究显示出 FDI 进入与当地企业生产率变化的负向关系。所以，Gorg 和 Greenaway（2004）断言，迄今为止在发展中国家和处于经济转型时期的国家的微观层面还没有找到关于 FDI 正向溢出的证据。

近年来，国内相关的计量研究呈现爆发式增长，早期代表性的研究有何洁（2000）、沈坤荣和耿强（2001）、张建华和欧阳铁雯（2003）、陈涛涛等（2003）、潘文卿（2003）、蒋殿春等（2005）。但这些计量研究大多没有区分行业内和行业间的溢出，其研究结论也肯定了 FDI 技术溢出的存在。另外，国内的经验研究在数据类型、计量方法以及研究的规范性方面都明显落后于国外研究。例如，国内研究由于数据来源的限制，采取的数据类型还是以行业层面数据为主，微观层面数据的研究还限于横截面数据（平新乔等，2007）。这必然导致如前所述的选择性偏误、总体数据掩盖微观层次事实等缺陷的存在。即使是国内微观层面的数据（路江涌，2008；陈琳、林珏，2009）也没有发现 FDI 对本土企业生产率存在正向的促进作用。

二、后向关联途径的溢出效应

美国著名发展经济学家赫希曼（Hirschman，1958）最早在其名著《经济发展战略》中提出前向关联和后向关联，他将后向关联概念定义为“每一个非初级经济活动所引起的国内企业努力供应该活动所需投入的效果”。本书采用杨亚平（2008）的定义，“以分析 FDI 技术溢出为研究对象，所指的‘后向关联’既是指 FDI 技术溢出的后向关联途径，又是指 FDI 的投资主体外商投资企业（以下简称外资企业）与东道国本土企业之间通过投入产出建立的关系”。本书还将 FDI 与后向关联、跨国公司与后向关联组合，“FDI 的后向关联”或“跨国公司的后向关联”特指 FDI 企业或跨国公司通过购买原材料、零配件等中间投入品与东道国本土供应商建立的关系。这些供应商包括为 FDI 企业或跨国公司提供产品的配套商、供货商以及分包商等。同时，为了区分在东道国的由本国资本注册的供应商和由国外资本注册的供应商，我们把前者称为“本土供应商”，后者称为“外资供应商”。

1. 理论研究

Rodriguez - Clare（1996）建立了两国模型，认为当跨国公司在东道国采购的中间品是密集型的、公司总部与制造子公司之间运输成本高以及母国和东道国的中间品种类差别不大三种情况下，跨国公司和东道国的联系效应为正。当这些条件相反时，跨国公司会损害东道国经济，在东道国制造“飞地经济”（Enclave Economics）。Markusen 和 Venables（1999）通过建立数学模型，认为跨国公司通过竞争和联系效应对东道国经济产生两方面的影响：一方面，跨国公司进入后挤占东道国同行业内企业市场空间；另一方面，跨国公司的本地化采购会引起东道国中间投入品需求的扩张，提高东道国上游企业的产品质量及降低价格，产生后向关联效应。同时，跨国公司的进入可能导致新的中间品厂商的进入，反过来导致本地最终品生产的增加。这就对当地产业的发展起到一种催化剂的作用。Matouschek 和 Venables（2005）从供求角度分析了 FDI 进入对东道国上下游行业产生的影响。当 FDI 进入东道国下游行业时，会带来初始的生产效应（Initial Production Effect）和反馈效应（Feedback Effect）两种效应。初始的生产效应包括三方面：FDI 进入带来的产出变化，由于竞争加剧对本地企业的挤出和产出的减少，上游供应商产量发生变化。反馈效应是指上游行业产能增加带来价格下降，这种变化反过来影响下游行业，使下游行业利润增加，将吸引下游行业新厂商的进入，表现为对上游行业的需求增加。这是基于上游行业中企业的进入和退出会改变产品品种和竞争程度。上述理论模型主要关注跨国公司进入东道国后会带来行业内的挤出效应和行业间的联系效应。但这种行业内的竞争和挤出效应存在演变的趋势，当跨国公司相对东道国同行业企业技术优势明显时，短期内会对东道国产业和企业形成明显的负面的挤出效应，较长时间内由于竞争效应的存在又会有利于东道国产业的发展。同时，联系效应是否明显，也取决于跨国公司采购产品的类型、东道国上游产品的质量、东道国产业政策等因素。另外，理论模型主要分析跨国公司本土化采购对东道国产业的需求效应，忽视知识和技术扩散、人员流动带来的溢出效应。UNCTAD（2001）关注到通过后向关联发生的不同溢出效应，把跨国公司通过后向关联能增加的东道国供应商的产出和提高就业人数称为直接效应，把由于投入产出关联带来企业间知识和技术扩散称为间接效应。

Lin 和 Saggi（2007）建立了需求和竞争模型，分析跨国公司进入带来的“需求效应”和“竞争效应”。同时，他们考虑到跨国公司与本土竞争对手在技术上的对称性影响跨国公司的后向关联的程度以及溢出效应。当跨国公司相对东道国企业的技术优势适中时，跨国公司的进入能增加后向关联的程度和本土供应商的利润。然而，当跨国公司的相对优势较大时，它的进入会通过挤出竞争对手和进行海外采购对东道国产业发展带来负效应。Balsvik（2003）认为，跨国公司对进入模式的选择取决于不同模式下带来的溢出效应。他同时考察跨国公司在水平 FDI、垂直 FDI、出口以及本土化采购四种进入模式下的均衡解，发现跨国公司只有在东道国进行本土化采购时，溢出才会发生，因为这对跨国公司和东道国供应商来说都是有利的。并且，当跨国公司和东道国供应商的采购合约是不完全的，跨国公司不能从这种本土化采购中获得完全的利益，因为供应商的技术进步和中间产品价格下降同时也会有利于东道国的其他下游企业。

事实上，跨国公司通过国际贸易也会对发展中国家出口供应商形成后向关联途径的技术扩散和技术溢出。Pack 和 Saggi（2001）建立模型认为发达国家企业和发展中国家出口供应商会从这种国际化采购带来的技术扩散中同时获益。

2. 实证研究

有关行业间溢出的早期经验证据以案例研究为主，主要利用本土化采购水平来判断溢出效应大小。Lall（1980）对印度两个卡车制造商进行考察，发现两个制造商与当地企业有显著的后向关联，其产品的本地价值含量都高达 90% 以上，且制造商通过技术指导等形式帮助供应商提升技术。Behrman 和 Wallender（1976）通过对美国通用汽车公司、国际电话电报公司（ITT）和 Pfizer 公司在东道国情况的调查，肯定了跨国公司与供应商之间信息交流和联系的作用。Ivarsson 和

Alvstam（2005）对 Volvo 在墨西哥、中国、印度和巴西的子公司的研究发现，当地生产制造了外部联系，这使供应商技术得到升级。Giroud（2007）的研究肯定了在马来西亚和越南的跨国公司对供应商的知识扩散。江小涓（2001）对国内 127 家外商投资企业进行调研发现，有 74 家在国内有配套企业，其中有 51 家以各种方式对配套企业提出质量标准和提供技术帮助，占样本企业的 69%，其研究认为外资企业在后向关联溢出方面溢出效应明显。

一些研究以国产化率（Local Content Production）或本土化采购水平（Local Sourcing）来作为后向关联程度和绩效指标（Altenburg, 2000）。用跨国公司的本土化采购水平高低来指示后向关联程度的高低，假定本土化采购水平越高就越有利于东道国供应商技术进步，这样一方面因为包括非本土企业提供的中间品而扩大了后向关联的程度，从而夸大了 FDI 后向关联的经济绩效；另一方面只是在数量方面考察 FDI 后向关联的经济绩效，忽视关联对本土企业技术进步的具体作用的衡量。后向关联的质量和它们的正向效应相比 FDI 的当地采购数量更重要（Ivarsson、Alvstam，2005）。UNCTAD（2001）把本土化采购水平作为后向关联程度的指标，从跨国公司的角度分析了影响其本土化采购水平的主要因素，包括跨国公司分支机构的投资动机和策略、技术和市场地位、分支机构的角色、分支机构的成立年限、分支机构的规模等。

Belderbos 等（2001）通过考察日本 272 家在 24 个国家的跨国公司得出结论，通过并购或合资方式建立的子公司比通过绿地投资方式建立的子公司有更高的本地采购水平，以及以当地消费者为目标的分支机构相比出口型的分支机构更多地向本土供应商采购。Altenburg（2000）的研究表明，面向东道国市场的外资企业比出口导向的外资企业由于需要对产品进行改进以更适应本地市场，更倾向于与本土供应商发生联系。有关后向关联效应的国内外案例研究和问卷调查研究如表 2－1 所示。

表 2-1 有关后向关联效应的国内外案例研究和问卷调查研究

研究者	国家/地区	数据类型	主要发现
Lall（1980）	印度	卡车企业	本地化采购水平高，存在后向关联效应；整车制造商以技术指导方式帮助汽车供应商
Behrman、Wallender（1976）	美国	美国跨国公司在东道国企业的调查	跨国公司与供应商之间存在信息交流和联系
Ivarsson、Alvstam（2005）	墨西哥、中国、印度和巴西	Volvo 在墨西哥、中国、印度和巴西的子公司调查	当地生产制造了外部联系，使供应商技术得到升级
江小涓（2001）	中国	国内 127 家外资企业调查数据	外资企业在后向关联溢出方面溢出效应明显
Belderbos 等（2001）	日本	272 家日本在 24 个国家的跨国公司	通过并购或合资方式建立的子公司比通过绿地投资方式建立的子公司有更高的本地采购水平，以及以当地消费者为目标的分支机构相比出口型的分支机构更多地向本土供应商采购
Altenburg（2000）	东南亚国家	电子设备行业、服装行业	面向东道国市场的比出口导向的外资企业由于需要对产品进行改进以更适应本地市场，更倾向于与本土供应商发生联系
刘民权等（2001）	中国广东省	405 家外商投资企业	美资企业相比欧资企业倾向于本地采购，日资企业有较高的海外采购比例和产品出口比例
郑秀君（2006）	中国上海	浦东地区外商投资企业问卷调查数据	技术差距较大时，跨国公司生产所需原材料、零部件及服务主要来自母公司或母国地区企业，只有少数是中国大陆企业；技术差距不大时，跨国公司所需中间品向中国大陆企业采购
杨学军（2007）	中国珠海市	182 家珠海制造业外商投资企业的问卷调查	中外合资企业比外资独资企业更倾向于本土采购
刘德学等（2005）	中国	182 家加工贸易企业的调查问卷	影响加工贸易企业国内采购的因素方面，本土企业产品的质量不稳定因素排第一位
郑慕强（2009）	中国	闽粤 139 家本土企业	示范效应、竞争效应和后向联系效应对本土企业技术创新绩效有显著正影响，员工流动效应和前向联系效应对本土企业技术创新绩效影响不明显

由于假定外资企业本土化采购水平越高，与本土企业的关联程度越高，技术溢出效应越大，这些案例研究实际探讨的是影响本土化采购水平的因素。这些因素究竟怎样影响技术溢出效应的发挥还有待进一步确定。另外，这些研究着重从外资企业的角度探讨如何建立和加深联系，忽视本土企业在建立和加强关联中的积极作用。

Kugler（2001）最早用计量方法检验 FDI 在行业间的溢出效应。表2－2 列出了 FDI 行业间技术溢出效应的主要实证研究。国外学者 Blalock（2001）、Schoors 和 van der Tol（2002）、Javorcik（2004）以及 Mucchielli 和 Jabbour（2006）等研究均提供了 FDI 的后向关联溢出为正的经验证据①。Liu（2008）对中国制造业企业面板数据进行回归，研究认为，后向关联相比前向关联和水平联系是最重要的溢出途径。国内对中国工业 FDI 行业间溢出的经验研究，如王耀中和刘舜佳（2005）、严兵（2006）、姜瑾和朱桂龙（2007a）、许和连等（2007）、张亚斌等（2007）、杨亚平（2007）、薛漫天和赵曙东（2008）、李建伟和冼国明（2010），其研究结论虽然有些差异②，但都肯定了行业间溢出的存在（见表2－3）。

表2－2 FDI 行业间技术溢出效应的国外实证研究

研究者	数据类型	研究方法	后向关联	前向关联	水平效应	有关结论
Blalock（2001）	1988～1996 年印度尼西亚	Olley－Pakes 估计法	+	/	?	
Schoors、van der Tol（2002）	1997～1998 年匈牙利公司横截面数据	OLS	+	－	+	行业间的溢出比行业内的更重要。吸收能力和行业的开放很关键
Javorcik（2004）	1996～2000 年立陶宛企业层面数据	Olley－Pakes 估计法	+	/	?	合资的外商投资企业溢出效应显著，独资的不显著

① 与前向关联有关的研究相对较少。一方面，跨国公司不是对本土企业形成需求，而且其提供的中间品可能提高产品价格；另一方面，本土企业可能丧失部分市场份额。

② 究其原因，这几篇文献存在模型变量构建上的不妥当以及数据选取有偏差等问题，其研究结论值得考究。

续表

研究者	数据类型	研究方法	后向关联	前向关联	水平效应	有关结论
Liu、Lin (2004)	1994~2003 年中国行业面板数据；1999~2002 年公司混合数据	行业面板：OLS；公司层面：聚类分析	+	/	-	
Kugler (2006)	1974~1998 年哥伦比亚公司面板数据	协整分析与误差修正模型	+	+	?	跨国公司与当地上游供应商的外包关系是扩散的途径
Mucchielli、Jabbour (2006)	1990~2000 年西班牙公司面板数据	Olley-Pakes 估计法	+	?	-	技术差距适中时才发生技术转换。通过后向关联的合资型外商投资企业溢出效应为负，而独资型外商投资企业的溢出效应为正。出口导向型外商投资企业的溢出效应显著，国内市场导向型企业的溢出效应不显著
Liu (2008)	中国制造业企业面板数据		+	+	/	后向关联相比前向关联和水平联系是最重要的溢出途径

注：+、-、?、/分别代表溢出效应为正、负、不显著、笔者没有对该效应进行分析。

资料来源：见参考文献相关条目。

针对行业内研究结论的分歧，Javorcik（2004）认为，研究者可能在错误的地方寻找 FDI 的溢出效应，溢出的渠道更可能发生在行业间（垂直方向）而不是行业内（水平方向），溢出可能通过后向关联，通过当地中间品供应商和跨国公司的子公司直接的联系而产生。Gorg 和 Greenaway（2004）将 FDI 负向和中性证据的原因归纳为四个方面：第一，当地企业学习的滞后性；第二，跨国公司保护企业特定优势不泄漏，以致没有溢出发生；第三，正向溢出可能只影响企业，总体研究低估了真实效应；第四，溢出并不在水平方向发生，而是通过垂直关系溢出，这在以往的研究中被遗漏。这就提醒我们不仅需要改进选取数据的类型以及采取的计量研究方法，而且需要关注 FDI 在行业间的溢出以及当地企业吸收能力等因素的作用。

表 2-3 FDI 行业间技术溢出效应的国内实证研究

研究者	数据类型	研究方法	后向关联	前向关联	水平效应	有关结论
周燕、齐中英(2005)	第三次工业普查数据	OLS 估计法	+	/	+	产业间溢出效应比产业内更明显
王耀中、刘舜佳(2005)	1999~2003 年中国工业行业面板数据	EGLS 估计法	+	+	+、-	前向关联效应大于后向关联效应
钟昌标(2006)	1999~2002 年中国电子工业行业面板数据	OLS、FE、RE 模型	/	/	+	既产生横向溢出也产生纵向溢出，前者较后者重要。外资在国内市场导向型行业比出口导向型行业产生更多溢出
姜瑾、朱桂龙(2007a)	2000~2004 年中国工业行业面板数据	EGLS 估计法	-	+	+	生产率差距处于中间水平时溢出效应最大
许和连等(2007)	1999~2003 年中国工业行业面板数据	EGLS 估计法	+	/	+	中国存在后向关联的 FDI 技术溢出
张亚斌等(2007)	1995~2005 年中国 20 个工业行业面板数据	DEA，OLS 估计法	+	+	+、-	后向关联效应大于前向关联效应。水平效应不如垂直效应显著，其中，竞争效应为负，示范—模仿效应为正
杨亚平(2007)	1999~2005 年广东省工业行业面板数据	EGLS 估计法	+	?	-	后向关联溢出相比行业内溢出是更重要的溢出途径，且主要存在于 FDI 为国内市场导向和针对内资非国有企业
薛漫天、赵曙东(2008)	2000~2005 年省际分行业面板数据	Malmquist 指数测算 TFP，OLS 方法估计模型	+	+	-	消费品或轻工业产品行业内资企业主要从 FDI 的前向溢出效应中受益；采掘、资本品或重工业行业内资企业主要从 FDI 的后向溢出效应中受益；水平溢出效应大多为负
李建伟、冼国明(2010)	1999~2003 年全国工业行业数据	FE 模型	+	?	+	后向关联溢出效应显著为正，且强于水平溢出效应；后向关联溢出效应较少受到内外资企业技术差距的影响；市场寻求型的后向关联溢出效应相对更强；国内的非出口部门从后向关联溢出效应中获益相对更多

近年来，国内学者利用中国工业企业数据库对 FDI 行业内溢出问题进行了进一步研究（见表2－4）。陈琳（2009）采用世界银行就中国投资环境调查的企业数据，运用投入产出表构建前向和后向关联指标，研究 FDI 对中国制造业企业的垂直型技术外溢。其研究发现，FDI 通过前向关联，对我国的制造业企业产生了正且显著的溢出效应，却没有通过后向关联产生技术外溢。也就是说，上游的外商投资企业通过出售中间品给我国的本地企业，这种前向关联提高了本地企业的生产率，但外资企业并没有通过后向关联提高当地供应商的生产率。进一步研究表明，FDI 这两种垂直型的技术外溢，都集中在国有企业，对私营企业均不存在。陈德湖等（2013）利用 1999～2007 年 170 多万

表2－4　FDI 行业间技术溢出效应的微观数据研究

研究者	数据类型	研究方法	有关结论
杨亚平（2011）	2001～2007 年中国制造业企业面板数据	Levinsohn－Petrin 半参数方法，面板数据回归方法	FDI 的后向关联溢出效应在当期为负，在滞后期显著为正；本土企业中外资股权的参与有助于提高企业生产率，国有股权则不利于生产率提升；FDI 的后向关联溢出效应对外资企业和私营企业的生产率有正向显著作用，对国有企业则有负面影响
陈琳（2009）	世界银行中国投资环境调查的 1999～2002 年企业数据	Sys_ GMM 估计	前向关联对我国的制造业企业产生了正且显著的溢出效应，却没有通过后向关联产生技术外溢。这两种垂直型的技术外溢都集中在国有企业，对私营企业均不存在
许晓娟等（2013）	1999～2006 年中国制造业企业面板数据	C－D 生产函数	前向产业关联估计系数为正，但不显著，后向产业关联估计系数显著为负。与本土企业相比，外资企业是垂直技术溢出的获益者。私营企业和非创新性企业受到了 FDI 垂直产业关联的负面影响，国有企业不存在这种负面效应
陈德湖等（2013）	1999～2007 年 170 多万家制造业企业数据	Levinsohn－Petrin 半参数方法	我国制造业企业前后向关联效应为正，在行业内存在市场挤出效应；对国有企业不存在正的技术外溢效应；内外资企业之间技术差距越小，越有利于 FDI 技术外溢的产生；出口型 FDI 对内资企业存在显著的水平挤出效应，外资控制权越高，技术外溢的效应越弱

家制造业企业数据，从企业异质性视角，研究了FDI通过水平关联和垂直关联等渠道对内资企业的技术溢出效应，研究结果表明：从总体上看，外资企业主要通过前后向关联效应促进本地企业生产率的提高，在行业内，存在市场挤出效应。与私营企业相比，外资企业并没有通过水平或垂直关联对国有企业产生正的技术外溢效应。内外资企业之间技术差距越小，越有利于FDI技术外溢的产生。外资企业的异质性会影响FDI技术外溢的效果，出口型FDI对内资企业存在显著的水平挤出效应，外资企业控制权越高，技术外溢的效应越弱。许晓娟（2013）利用1999～2006年中国制造业企业的数据进行实证研究，结果表明中国本土企业通过垂直产业关联获得技术溢出的表现并不理想，前向产业关联估计系数为正，但不显著，后向产业关联估计系数显著为负。与本土企业相比，外资企业是垂直技术溢出的获益者，这可能是由外资企业更倾向于选择外资企业作为上下游合作伙伴引起的。私营企业和非创新性企业受到了FDI垂直产业关联的负面影响，国有企业通过制度保护、创新性企业通过吸收能力提升避免了这种负面效应。

本土出口供应商的生产率研究也有一定的发展。国外企业通过国际化采购是否促进出口供应商TFP提升以及出口供应商（特别是发展中国家的出口企业）的TFP是否由于出口活动得到提升是近年来国内外学者关注的热点话题。基于发展中国家的研究（Tucci，2005；Blalock、Gertler，2004；De Loecker，2007）大多认为出口供应商通过出口活动吸收国际买家外溢知识和技术，促进企业生产率提升，即所谓的学习效应。Bernard、Jensen和Schott（2006）认为，多数情形下这种出口学习效应表现为发展中国家通过引进先进生产设备、改善组织管理方式等降低成本从而提升效率，而非自主技术创新型生产效率的提高。近年来，国内也形成了对中国出口供应商的研究热潮。多数学者的研究表明，中国企业存在自我选择效应，即生产率高的企业选择进入国际市场。李春顶和尹翔硕（2009）、汤二子和刘海洋（2011）提出中国出口企业生产率低于内销企业，即存在“生产率悖论”。

对溢出效应和学习效应的研究尚未取得一致性结论。支持学习效应的如邱斌等（2012）基于中国制造业微观企业，采用倍差匹配方法检验得出中国制造业企业同时存在显著的出口学习效应和自我选择效应，且均随时间推移逐渐增强；邵敏（2012）利用2000～2006年持续经营的工业企业数据进行实证研究，并按两位数行业代码划分高技术、中高技术、中低技术和低技术四种类型进行检验，发现中国企业的出口行为在出口后的1年或2年内将显著提高劳动生产率增长率，但此后该影响作用并不显著；易靖韬（2011）基于浙江省2001～2003年的企业面板数据，得出中国企业同时存在自我选择效应和学习效应；张杰等（2009）基于1999～2003年中国本土制造业企业的经验数据，认为出口通过"学习效应"促进了本土企业生产率的提升，可能持续三年；杨晶晶等（2011）的研究也表明我国出口贸易存在显著的出口中学习效应；马述忠和郑博文（2010）基于中国2001～2007年227家上市公司样本的研究支持出口中学习效应；许斌（2006）利用1998～2000年1000多家不同所有制类型企业的数据考察了出口的学习效应和自我选择效应，发现私营企业出口的学习效应显著高于公有制企业和外资企业。

不支持溢出效应和学习效应的研究如Kraay（1999）针对2105家中国企业面板数据进行研究，发现持续出口的国有企业存在出口学习效应，新进入的出口企业则不存在明显的学习效应甚至学习效应偶尔为负；刘振兴和金祥荣等（2012）基于本土制造业样本的研究表明中国同样存在自我选择效应，短期存在学习效应，长期来看企业出口经验的积累不仅没能促进企业效率更快地提高，反而对企业的效率提升产生了负面影响；李春顶和赵美英（2010）选取2007年我国30多万家制造业企业样本，按两位行业代码分行业进行检验，结果显示出口贸易对我国企业生产率有负面作用。

三、FDI溢出效应的影响因素

对FDI溢出效应存在与否的过分关注，使一些学者（Blomstrom，1998；Lipsey，2002）认识到从现有研究应得出的教训是应该重视对影响因素的研究而不是对整体层面上FDI技术溢出是否存在的研究。不考虑不同环境以及国家因素、行业特征、投资主体的研究思路和高度简化的计量模型等研究方法易得出片面性的结论。事实上，各国政府关心的不是是否吸引FDI的问题，而是如何留住FDI并使FDI收益最大化（Meyer，2003）。近年来，国内外学者将注意力逐渐转向FDI溢出效应的影响因素方面，并从溢出方和吸收方两方面的特征、东道国环境等方面探讨可能的因素。以下主要介绍微观层面的跨国公司和当地企业两方面的影响因素。

1. 溢出方因素

现有文献主要考虑外资股权、外资来源地、市场导向、进入方式以及投资动机的影响。外资股权越少被认为会使跨国母公司减少对子公司先进技术的转移的动力，越使溢出的机会减少。所以，随着外资股权比例的增加，技术转移越多以及溢出机会增多（Ramachandran，1993）。Koizumi和Kopecky（1977）较早地对使用局部均衡框架分析了从母公司到其分支机构的技术转移，认为溢出水平与外资的份额呈正相关。然而，经验证据的结论不一。Blomstrom和Sjohlom（1999）利用印度尼西亚企业层面数据探讨外资所有权比例与溢出效应的关系，结论是两者之间没有显著关系。Banga（2003）的研究表明，来自日本的FDI相比美国的FDI对印度的本土企业更可能产生溢出。然而，Haskel等（2009）的证据表明，来自美国和法国的FDI的正向溢出显著，来自德国的FDI不显著以及来自日本的FDI产生负向效应。孟亮和宣国良（2005）对我国工业的研究发现，只有在经济发达地区的港澳台外资产生明显的溢出效应，其他外资的作用不明显。Girma等（2005b）对英国的经验研究认为出口导向型FDI能产生正向的水平溢出效应，而且能通过后向联系使当地出口企业受益；国内市场导向型FDI只通过前向联系产生正向效应，并且有损当地出口导向型企业生产率。李建伟和冼国明（2010）对国内数据的计量研究关注FDI的后向关联溢出效应，结果显示市场寻求型FDI的后向关联溢出效应相对更强；国内的非出口部门从后向关联溢出效应中获益相对更多。Driffield和Love（2002）利用英国1984~1995年的面板数据进行经验检验，发现技术自用型的FDI和当地企业生产率显著正相关，而技术寻求型FDI和当地企业生产率显著负相关，由此认为FDI的投资动机影响溢出效应的大小。杨亚平（2010）以我国汽车行业为例，分析不同来源地的外资对后向关联效应的影响，发现欧美和日系汽车整车制造企业采取两种截然不同的供应链配套模式。前者倾向于招标方式选择供应商，使本土企业有可能成为供应商，但本土供应商与欧美企业的伙伴关系不稳定；后者选择供应商时，倾向于选择形成长期合作的紧密关系的日系企业，本土企业较难进入其供应链体系。来自欧美的汽车企业比日本企业更利于后向关联技术溢出。在垂直溢出研究中，Javorcik（2004）与 Mucchielli 和 Jabbour（2006）的经验研究也考察独资与合资对后向关联溢出的影响。但两者的结论刚好相反。Javorcik（2002）的经验研究发现，在后向关联溢出方面，国内市场导向的外商投资企业比出口导向的外商投资企业更容易溢出。Mucchielli 和 Jabbour（2006）认为出口型外商投资企业的产品有更高的质量要求，因此会传递新技术以及原理性知识给它们的供应商。FDI 的两种进入方式——绿地投资和并购投资，也可能带来不同的溢出效应。

2. 吸收方因素

转型经济体中，企业的不同所有制类型会影响 FDI 技术溢出效应大小（Li 等，2001；Sinani、Meyer，2004）。Li 等（2001）对中国的研究观测到国有企业和私营企业通过竞争效应从 FDI 进入中获得溢出，而其他企业通过示范效应和模仿效应获利。杨亚平（2007，2010）考察本土企业性质对技术溢出进行研究，发现 FDI 的后向关联溢出主要针对内资非国有企业。另外，一些文献（Aitken、Harrison，1999；Girma、Wakelin，2001；Sinani、Meyer，2004）也探讨了内资企业的市场导向、企业规模等特征对溢出效应的影响，但都没有得到一致性的结论。Blomstrom 和 Sjohlom（1999）认为，FDI 的进入不会对已经拥有国家市场的东道国本土出口企业产生明显影响，主要影响的是那些出口能力有限和没有出口能力的本土企业。Barrios 和 Strobl（2002）却认为具有出口能力的东道国本土企业拥有更强的吸收能力，能更好地吸收 FDI 进入带来的溢出效应。

3. 东道国综合条件

在未获得微观企业数据的情况下，早期的国内外研究包括东道国基础设施、技术水平、人力资本、教育水平、行业特征、产业政策、贸易政策、知识产权保护程度、中间投入品本土采购程度等对溢出效应的影响。何洁（2000）分析了本地内部因素对 FDI 在我国工业部门外溢效应的影响，发现 FDI 外溢效应的发挥受当地经济发展水平的门槛效应制约，经济发展水平、基础设施、自身技术水平和市场规模等影响溢出效应。陈涛涛等（2003）利用我国制造业84个四位码行业的数据，引入了“内外资企业能力差距”的概念，将“企业规模差距”、“资本密集度差距”以及“技术差距”一同作为影响FDI行业内溢出效应的行业要素进行了经验研究。研究结果表明，当内外资企业的能力差距较小时，有助于溢出效应的产生。阳小晓等（2006）利用两阶段世代交叠（OLG）模型考察了国内金融发展水平对外资企业技术外溢效果的影响，他们认为金融效率的提高通过降低自主创业门槛从而有利于吸收外资企业技术外溢，同时金融效率变化并不影响外资部门自身的资本边际产出，且由于目前我国金融体系效率相对低下，不利于国内企业充分吸收外资企业的技术外溢。薛漫天和赵曙东（2008）运用2000~2005年省际分行业的数据，对外国直接投资的水平、后向和前向溢出效应进行了检验和分析，研究发现，消费品或轻工业产品行业的本土企业主要从FDI的前向溢出效应中受益；采掘、资本品或重工业行业的本土企业主要从FDI的后向溢出效应中受益；水平溢出效应大多为负。地理因素对溢出效应也有着重要影响。Jordaan（2005）认为，模仿效应、示范效应、人力资本流动效应等溢出效应在集群区域将更具有明显性，他通过对墨西哥行业统计数据的计量检验发现地理位置集中的行业FDI溢出效应要大一些。劳动力流动和示范效应受到空间距离的强约束（Jordaan，2005），产业关联引起的溢出效应、企业之间的竞争程度带来的竞争效应都明显受到地域限制。

由于文化、语言、经济发展水平、技术差距、地理距离、转移方式的不同，来自不同来源地的FDI对不同东道国本土企业可能形成不同的溢出机制，溢出效应呈现明显差别。着眼于具体国家的整体环境，对具体产业和微观企业的理论研究和经验研究显得非常重要。

四、出口活动的溢出效应

有关出口活动能否获得溢出效应，能否持续促进发展中国家企业生产率提升的问题得到国内外学者们的广泛关注。Bernard和Jensen（1995，1999）最先展开对出口与企业生产率关系的实证检验。两位学者利用美国1976～1987年的官方调研数据，发现了出口企业与非出口企业在工资、福利及生产率方面存在明显差异。这由此引发世界各国对这一论题的实证研究兴趣。大多数研究也发现，出口供应商的生产率明显高于非出口企业。然而克鲁格曼（1994）指出，依赖出口导向型政策发展的东亚国家，其经济增长完全来自于要素投入的增加，并无TFP的贡献。由此引发了发展中国家出口供应商的出口活动是否获得溢出效应的争议。基于发展中国家的研究（Tucci，2005；Blalock、Gertler，2004；De Loecker，2007）大多支持学习效应。Bernard、Jensen和Schott（2006）认为，多数情形下这种出口学习效应表现为发展中国家通过引进先进生产设备、改善组织管理方式等降低成本从而提升效率，而非自主技术创新型生产效率的提高。

国外学者基于发达国家的经验研究，主要得出"出口企业生产率高于非出口企业生产率"这一个较为一致的结论。代表性的研究有Bernard和Jensen（1995，1999，2004）针对美国数据的研究，Bernard和Wagner（1997）基于德国数据的研究，Clerides等（1998）基于哥伦比亚、墨西哥和摩洛哥的研究以及Greenaway和Kneller（2004）基于英国数据的研究。综观已有文献，基于中国各种微观数据的研究结论仍存在争议。Perkins（1997）是少数从中国企业层面研究出口作用的国外学者之一。他选取了广东、福建和上海三个沿海中国地区的300家国有、集体和外商投资企业样本的研究表明，沿海经济区的出口导向型企业的TFP比非出口导向型企业的TFP要高。此外，Kraay（2006）针对中国数据运用动态面板估计的研究表明，出口企业的劳动生产率和TFP显著高于非出口企业。国内学者关于出口企业与生产率的研究起步较晚，研究轨迹基本是沿用Bernard等人的基本计量模型。主要研究结论可分为两类：其一，多数学者的研究表明中国出口企业的生产率高于非出口企业（易靖韬，2009；王华、许和连、杨晶晶，2011；刘振兴、金祥容，2011；赖伟娟、黄静波，2011）。其二，少数学者的研究表明中国出口企业存在生产率悖论，即出口企业生产率低于非出口企业（李春顶、尹翔硕，2009；汤二子、刘海洋，2011；赵伟、赵金亮，2011）。一些学者的研究发现，不同所有制的出口与非出口企业平均生产率之间存在明显差异，并发现港澳台地区与外资企业表现出显著的悖论特征。Dan Lu（2010）认为，中国出口企业的生产率低于非出口企业，且中国有约占30%的企业只出口不内销，近五成企业的出口强度在60%以上。戴觅等（2011）提出生产率悖论现象主要是由于中国大量“纯出口企业”的存在而导致的，并指出纯出口企业的生产率低下很大程度上来源于加工贸易的低生产率。

事实上，并非全部出口企业都能从国际技术和知识溢出环境中均匀受益，必须要受到吸收能力的调节作用。企业的资源和禀赋存在异质性（Wernerfelt，1984；Barney，1991；Peteraf，1993），而吸收能力的积累和发展是由知识吸收路径以及吸收效率决定的。国际市场对出口企业的知识和技术溢出渠道可以总结为以下几个方面：第一，出口企业能从国际买家获得有关产品设计的信息以及为适应国际消费习惯对生产工艺过程做出调整和改善（Evenson、Westphal，1995）。第二，对于外包类出口企业，在生产前就能从发包国获得目的地市场对产品的产品设计、产品包装、质量等偏好信息（World Bank，1993）；发包商能为出口企业提供技术培训与指导，甚至邀请外包企业工程师参与产品研发设计与产品质量改进过程（Rhee、Ross – Larson、Pursel，1984；Grossman、Helpman，1991）。第三，国际消费者对产品质量、品种环保安全等要求更为苛刻，出口企业被迫提升自身生产工艺与产品设计能力（Gereff、Humphrey、Sturgeon，2005）。

国内外关于出口强度与生产率关系的研究也相对缺乏。Rosario Crino 和 Paoto Epifani（2010）首次从理论研究和经验验证两方面研究了出口强度与企业生产率的关系，为研究出口强度和生产率提供了理论基础。此外，The International Study Group 在有关出口与生产率的一系列研究报告中，采用14个国家的微观面板数据，基于 Bernard 和 Jensen（1999）的基本模型，并引入出口强度及其平方项来研究出口优势与出口强度之间的关系。由于数据来自不同国家，有些是企业层面数据，有些则是行业层面数据，研究结论可比性不强。刘振兴和金祥荣（2011）在基准模型中引入出口强度虚拟变量来刻画企业的出口结构差异，发现出口强度越高的企业，其生产率优势越小，直至生产率上并无优势或者具有劣势，但并未深入研究关于出口强度与生产率的关系。

第二节 吸收能力与溢出效应

Cohen 和 Levinthal（1990）首先将吸收能力（Absorptive Capacity）引入企业研发分析领域，认为吸收能力是企业对外部新知识选择、学习和消化，并最终商业化应用的能力。Cohen 和 Levinthal（1990）强调了上述观点，并将微观企业吸收能力分为三个方面：识别适宜的技术，模仿与学习该项技术，技术的商业应用。这个定义为往后的研究奠定了基础。Mowery 和 Oxley（1995）指出，吸收能力是指能够获取隐性知识并予以吸纳的一系列广泛的技能。Kim（1998）着重于吸收能力是企业学习与解决问题的能力方面，并且认为学习能力就是消化和吸收知识的能力，可用于模仿；解决问题的能力是创造知识的能力，可用于创新。Zahra 和 George（2002）基于使用最为广泛的 Cohen 和 Levinthal（1990）的定义上，更加注重技术的模仿和应用之间的转化过程，进一步提出了吸收能力是企业识别、消化、转化及利用外源知识的一系列组织惯例和过程。他俩还进一步把吸收能力分为潜在吸收能力与现实吸收能力，前者强调获取与吸收外部知识的能力，后者是指转化与利用知识的能力。Lane 等（2006）认为，吸收能力是企业在三个方面利用外部知识的能力：通过探索性学习来识别和理解外部潜在的有价值的知识；通过转化性学习（Transformative Learning）来消化有价值的知识；通过开发性学习来利用消化的知识创造新知识和商业应用。本书综合 Cohen 和 Levinthal（1990）、Lane 等（2006）的观点，从微观企业层面，从企业利用外部知识过程的角度定义吸收能力：吸收能力即识别适宜的、有价值的外部技术，模仿与学习外部技术，技术的内化和商业应用的动态能力。本土供应商的吸收能力也就包括技术识别能力、模仿和学习能力、技术内化和商业应用能力。

一、理论研究

早期的理论模型（Koizumi、Kopecky，1977；Findlay，1978；

Das，1987）假定以外部性形式从分支机构到东道国当地企业的技术扩散是自然发生的。这种自动发生假设的有效性遭到后来学者的怀疑和纠正（Wang、Blomstrom，1992；Fan，2002）。Wang 和 Blomstrom（1992）创造性地引入由 Cohen 和 Levinthal（1990）首先提出的吸收能力概念，将溢出视为跨国公司子公司和当地企业间策略性竞争的内生现象，突出了当地企业的学习投资和技术吸收能力在技术溢出效应方面的重要性。随后，西方经济学家在影响因素研究的基础上集中展开了对 FDI 吸收能力的研究，并认为吸收能力是影响溢出效应的关键因素。

Lapan 和 Bardhan（1997）认为，企业获得先进企业技术时应具备一定程度的吸收能力。Cohen 和 Levinthal（1990）认为，增加研发（Research and Development，R&D）投入会通过提升技术吸收能力来直接提高效率。Findlay（1978）提出 FDI 技术溢出与企业间技术差距之间存在函数关系的假说。赖明勇等（2005）通过构建基于中间产品种类扩张型的内生增长模型，认为技术吸收能力对技术外溢效果具有决定性作用。

二、实证研究

由于企业获得溢出效应表现的多维度，在微观层面上，一些学者围绕吸收能力对企业生产率影响展开研究，一些学者关注吸收能力对企业创新绩效的影响。总的来说，实证研究主要围绕三个问题展开。

1. 东道国吸收溢出效应的“门槛”（Threshold）问题

Borensztein 等（1998）利用 69 个发展中国家的面板数据的经验研究认为，东道国能否吸引高效率的 FDI 取决于是否达到最低人力资本存量的“门槛”。Girma（2005b）使用 1989～1999 年英国制造业面板数据，门槛效应模型发现，吸收能力存在一个最低门槛值，即低于门槛值将使溢出效应不明显或者为负。

2. 东道国吸收技术溢出的能力因素问题

在国家和地区层面，吸收能力主要采用一些条件因素来衡量。R&D 投入（Kanturia，2002）、人力资本（Borensztein 等，1998；Olofsdotter，1998；Xu，2000）、教育水平（Ponomareva，2000；Yudaeva

等，2003）、金融市场效率（Alfaro 等，2004；Durham，2004）、经济开放度（Henley 等，1999）、知识产权保护制度（Krogstrup 等，2005）、贸易政策（Balasubramanyam 等，1996；Olofsdotter，1998）、基础设施状况（Kinoshita、Lu，2006）等被用来诠释吸收能力。

在微观层面，R&D 活动（Cohen、Levinthal，1990）、R&D 投入水平（Kinoshita，2001；Keller、Yeaple，2003；Gorg、Greenaway，2004）、技术差距（Girma，2004、2005）、企业技能人才密集度（Augier 等，2013）等成为本土企业吸收能力的重要指示器。

R&D 活动促使技术变化、扩展新知识，促使员工销售新知识，这些都促进企业吸收能力的提高（Cohen、Levinthal，1990）。所以，从 R&D 的投入角度来看，R&D 活动和 R&D 支出是影响吸收能力的因素。从 R&D 产出角度来看，专利、产品创新以及过程创新会增进吸收能力。东道国企业可以向创新型外资企业模仿学习，吸收能力可以通过它们的创新产品和创新过程来衡量。然而，一旦企业拥有专利，它会形成竞争优势并极可能对利用创新来改进和向其他企业学习不再感兴趣。

Girma（2005b）使用企业与所在行业前沿技术的差距来表示吸收能力。如果企业技术越接近所在行业的前沿，企业的吸收能力越高。Marcin（2008）利用波兰企业数据的实证研究发现，吸收能力与溢出效应的大小高度相关，并且吸收能力主要影响制造业而不是服务业。Augier 等（2013）利用西班牙 1991 ~2002 年的企业面板数据，发现企业进口中间品和资本品对其 TFP 的影响很大程度上依赖于吸收能力。利用西班牙制造业企业调查数据考察吸收能力的决定因素（针对 FDI 溢出效应）问题，其计量结果显示企业研发活动、产品和过程创新、生产过程的复杂性有利于吸收能力提高，而外部化的研发活动、来自公共部门的研发资助、家族企业管理等不利于吸收能力的提高。

大多数研究肯定了吸收能力与溢出效应之间的正向关系，但对技术差距影响的研究结论并不一致。Findlay（1978）构建数理模型论证了落后地区的技术进步率是它与先进地区之间技术差距的增函数，即当跨国公司与当地企业间的技术差距越大时，溢出效应越大。支持性的经验研究包括 Haddad 和 Harrson（1993）对委内瑞拉的研究、Girma

和 Wakelin（2001）对英国的研究。Girma 和 Wakelin（2001）使用英国电子行业的微观数据，按照企业规模和技能工人比重对企业进行分类，发现越是小企业以及技能工人比例低、缺乏必要的吸收能力的企业越能获利。

Blomström 和 Kokko（1998）认为，外资企业与当地企业技术差距最小时，来自 FDI 的溢出效应最大。Sjoholm（1999）的实证研究也给出了正向关系的证据。Li、Liu 和 Paker（2001）对中国台湾的实证研究认为，内外资企业技术差距越小，FDI 技术溢出效应越明显。Kokko 等（1996）对乌拉圭的研究、Flores（2000）以及 Proenca（2002）的经验研究表明，内外资企业的技术差距处于特定区间时，行业内溢出效应最大。Grima（2005a）使用分位数回归模型发现，溢出效应与技术差距之间存在 U 型曲线关系。

3. 吸收能力对溢出效应的影响和作用过程

近期，国外文献的研究重点已从“直接决定作用”逐渐过渡到了“调节效应”，认为外部知识溢出不能直接促进生产率提升，必须受到吸收能力的调节作用，即外部知识要通过内部化的一系列过程才能实现溢出绩效。Zahra 和 Hayton（2008）的实证研究认为，内部 R&D 形式的吸收能力投资越大，企业越能成功地应用从国外市场获取的外部知识。Escribano 等（2009）利用 2265 家样本企业的调查数据，发现吸收能力的大小对外部知识溢出与创新绩效之间的关系具有正的调节作用，并发现在动荡的知识环境中，吸收能力的调节作用更重要。Fosfuri 和 Tribó（2008）通过调查 2464 家西班牙创新企业，发现企业吸收能力的调节作用在外部知识内生化过程中发挥着重要作用。

国内研究中，张海洋（2005）利用行业面板数据的经验研究发现，较低的研发吸收能力会引发逆向技术扩散，从而抑制生产率的增长。陈继勇等（2010）通过构建贝叶斯空间层级模型和进行测度，认为知识溢出、地区自主创新能力与外商直接投资三者存在良性互动关系。沙文兵和孙君（2010）利用中国高技术产业面板数据，发现外资企业 R&D 活动对高技术产业产生知识溢出效应，并推动本土企业创新能力的提高。高山行等（2010）利用企业调查数据，证明跨国公司知识溢出对国内企业技术创新具有推动作用。陶锋（2011）、杨亚平

（2012）利用问卷调查获取企业数据，实证研究表明企业的吸收能力对知识溢出和创新绩效的关系具有显著正向的调节效应。

三、讨论和评述

1. 国外研究简要评述

上述研究已取得相当成果，但仍然存在有待改进和完善的地方。主要表现在以下几个方面：第一，FDI 技术溢出在不同溢出渠道的溢出机制尚不明确，特别是微观层面上关于后向关联溢出渠道的溢出主体、溢出动力、溢出途径和效应、溢出过程等。第二，吸收能力促进溢出效应吸收和生产率提升的微观机制还缺乏系统分析框架，迫切需要对吸收能力与溢出效应的关系进行理论建模，并深入分析吸收能力的作用途径和具体影响。第三，由于对吸收能力的定义和测算还存在较大分歧，以致难以得到令人信服的研究结论。有必要厘清吸收能力的作用机制，并结合转型升级期中国制造业企业的发展特点，对本土企业有效吸收外溢知识的能力因素进行拓展。

2. 国内相关研究及评述

作为引资速率最高、引资规模最大的发展中国家，FDI 对中国制造业企业生产率的影响已引起国内学者的重视。近年来，国内相关研究发展较快，并以计量研究和案例研究为主，取得较多研究成果。但大多数研究没有区分行业内和行业间的溢出，并且由于数据来源的限制，采用的数据类型还是以行业层面数据为主。少量研究（平新乔等，2007；王争，2009；路江涌，2008；陈琳和林珏，2009）利用微观企业数据考察了 FDI 对制造业企业生产率的影响。但其研究以横截面数据为主，无法考察外资企业进入和本土企业生产率变化之间的连续性因果关系以及观测到溢出效应在滞后期的影响。行业间溢出研究方面，王耀中和刘舜佳（2005）、严兵（2006）、钟昌标（2006）、姜瑾和朱桂龙（2007）、许和连等（2007）、张亚斌（2007）、杨亚平（2007）、薛漫天和赵曙东（2008）、李建伟和冼国明（2010）的计量研究关注 FDI 的后向关联溢出效应，但不能提供微观层面的证据，并且研究停留在对溢出效应进行总体估计的层面上。

另外，国内探讨技术能力与 FDI 溢出效应的研究主要集中在宏观层面的计量研究和案例研究。赖明勇等（2005）、黄凌云等（2007）、蒋殿春和黄静（2007）的实证研究，利用东道国的相关指标表征吸收能力，都肯定了吸收能力对技术溢出效果的决定作用。邵军等（2008）的实证研究发现，以人均教育年限代表的吸收能力达到一定门槛水平时，FDI 的技术溢出效应才会显著。李平和宋丽丽（2009）对 FDI 渠道的 R&D 溢出进行测算，发现我国的人力资本还未达到有效吸收国外研发溢出的水平，研发投入水平也在某种程度上阻碍了国际研发溢出对我国技术进步的促进作用。胡隆基等（2010）对中国电子信息产业的调查研究发现，吸收能力对技术差距与技术溢出之间的关系存在显著的调节效应。赵增耀和王喜（2007）以我国汽车产业为例，分析吸收能力对吸收 FDI 外溢知识的影响，发现汽车企业加大对吸收能力起关键作用的 R&D 投资能有效吸收外资的技术溢出，最终实现自主创新。这些研究为解释我国制造业技术进步的相关问题提供了良好的工作准备，但缺乏从微观企业层面进行系统性论述和开展计量研究，并且这些分析尚未应用到后向关联溢出渠道的研究。

国内关于出口活动溢出效应的研究已取得了较大进展，但仍存在可以改进的方面：一是已有研究或采用小样本数据或局限于某一地区或针对某一特定行业或样本年限较短，由此得出的研究结论不具普适性，难以反映较长年限内我国出口企业的生产率变化情况。二是企业异质性并未得到大多数文献的关注，得出的结论也难以体现不同类型企业的生产率提升状况。少量文献从企业异质性角度开展了检验，但主要集中于对企业所有制的讨论。事实上，除企业所有制外，企业在资本密集度、出口强度等方面的异质性以及吸收能力的作用也应值得关注。三是大多数研究未关注吸收能力对出口强度和企业生产率的调节作用。

第三章 理论模型

本章利用数理模型考察跨国公司进入东道国前后对东道国同行业和上游产业的影响，分析存在技术溢出时产生的后向关联效应，考察技术差异、行业竞争程度等对关联效应的影响。

第一节 技术差异与后向关联溢出效应

在 Matouschek 等（2005）、王文治（2009）等的研究基础上，我们来考察跨国公司进入东道国前后的后向关联效应（主要考察对东道国上游产业的产量影响）以及存在技术溢出情况时的后向关联效应。

一、模型假设

假设东道国存在两类产业：下游产业生产最终商品 X，上游产业生产中间产品 Z 和最终商品 Y，Y 为计价商品。假设消费者偏好为拟线性偏好，其效用函数为 $U(x, y) = u(x) + y$。劳动是唯一的投入要素且在东道国是自由流动的，要素市场实现均衡时东道国各产业内劳动力工资相等，并假设劳动力价格为 1。

假设下游产业市场结构为寡头竞争市场，存在 N 家国内厂商（用 d 代表，d = 1，2，…，N）和 1 家跨国公司（用 f 代表）都生产 X 产品，企业间通过选择产量来达到竞争均衡。跨国公司每生产 1 单位商品 X，需投入 λ_f 单位的劳动和 μ 单位的中间产品 Z，东道国下游企业

需要投入 λ_d 单位劳动和 μ_d 单位中间产品，其中令 $\mu_d=1$，且 $\lambda_d \geqslant \lambda_f$，$\mu_d=1\geqslant\mu$，也就是说，跨国公司生产率越高时，生产每一单位商品 X，需要投入更少的劳动和更少的中间商品。最终商品生产部门产出的边际成本如式（3－1）所示：

$$C_j^f=\lambda_j\times 1+\mu_j\times w^f \tag{3-1}$$

式中，w^f 表示存在跨国公司时中间产品的价格（j＝d、f）。

假设上游企业所在行业也为寡头竞争市场结构，M 家厂商生产中间产品 Z，假设上游产业中无跨国公司进入。每单位中间产品生产需要投入 θ 单位的劳动。在跨国公司所需中间产品 Z 非贸易性强、本土采购成本和质量有保障前提下，跨国公司更倾向于从东道国供应商处采购中间产品，而不是从国外购入。在本模型中，假设跨国公司完全从东道国上游产业采购中间产品。

为了简化起见，假设反需求函数为 P（Q）＝a－Q，Q 表示最终产品 X 的总产出，也就是表示东道国最终产品的消费市场规模，P（Q）表示最终产品的消费价格。

二、跨国公司未进入时的后向关联产量效应

我们首先考察跨国公司没有进入东道国市场时，东道国上、下游产业市场均衡时的后向关联产量效应，然后再与跨国公司进入以后对东道国企业上游产业后向关联的影响进行对比分析。

东道国下游企业根据企业自身利润最大化的原则确定产量 q_j，如式（3－2）所示：

$$\max\{P(Q)\times q_d-C_d\times q_j\} \tag{3-2}$$

将式（3－1）代入式（3－2）中，于是可以得出式（3－3）：

$$q_j=\frac{a-\lambda_d-w}{N+1}，j=1，2，\cdots，N \tag{3-3}$$

由式（3－3）得出中间产品的引致需求函数，如式（3－4）所示：

$$w=a-\lambda_d-\frac{N+1}{N}N\times q_j=a-\lambda_d-\frac{N+1}{N}Q \tag{3-4}$$

给定了中间产品需求函数，上游企业通过产量竞争的均衡产出 q_i^s

（i=1，2，…，M）为 $q_i^s=\frac{N\times(a-\lambda_d-\theta)}{(N+1)(M+1)}$，i=1，2，…，M。

均衡时中间产品 Z 的均衡价格如式（3-5）所示：

$$w^s=\frac{a-\lambda_d+M\theta}{M+1} \tag{3-5}$$

上游产业生产的中间产品产量如式（3-6）所示：

$$Mq_i^s=\frac{MN(a-\lambda_d-\theta)}{(N+1)(M+1)} \tag{3-6}$$

把上游中间产品 Z 的产量定义为后向关联效应（BE），产量越大表明后向关联效应越强。跨国公司进入前的后向关联效应为 $BE^s=Mq_i^s$。

三、跨国公司进入下游产业后的后向关联效应

跨国公司进入东道国市场后，参与东道国下游产业的竞争。

跨国公司的竞争均衡产出如式（3-7）所示：

$$q_f=\frac{[a+N\lambda_d-(N+1)\lambda_f]-w[(N+1)\mu-N]}{N+2} \tag{3-7}$$

东道国下游企业的竞争均衡产出如式（3-8）所示：

$$q_j=\frac{[a-2\lambda_d+\lambda_f-w(2-\mu)]}{N+2} \tag{3-8}$$

中间产品 Z 的需求量如式（3-9）所示：

$$Q=Nq_j+\mu q_f \tag{3-9}$$

将式（3-7）和式（3-8）代入式（3-9）得出中间产品的引致需求函数，如式（3-10）所示：

$$w=A_1-\frac{N+2}{H(N,\mu)}\times Q \tag{3-10}$$

式中，$H(N,\mu)=2N(1-\mu)+(N+1)\mu^2$，

$A_1=\frac{(N+\mu)a-N\lambda_d(2-\mu)+\lambda_f[N-\mu(N+1)]}{H(N,\mu)}$。

上游企业的中间产品均衡产出如式（3-11）所示：

$$\begin{aligned}q_i^F&=\frac{A_1-\theta}{(M+1)(N+2)}\times H(N,\mu)\\&=\frac{(N+\mu)a-N\lambda_d(2-\mu)+\lambda_f[N-\mu(N+1)]-\theta H(N,\mu)}{(M+1)(N+2)}\end{aligned} \tag{3-11}$$

为简化研究，我们假设跨国公司和东道国下游企业生产每单位的商品需投入的劳动量相等，即 $\lambda_d = \lambda_f = \lambda$，则式（3－11）可简化如式（3－12）所示：

$$q_i^F = \frac{(N+\mu)(a-\lambda) - \theta H(N,\ \mu)}{(M+1)(N+2)} \tag{3-12}$$

中间产品 Z 的均衡价格如式（3－13）所示：

$$w_i^F = \frac{(N+\mu)(a-\lambda) + M\theta \times H(N,\ \mu)}{H(N,\ \mu)(M+1)} \tag{3-13}$$

上游产业的产量即后向关联效应如式（3－14）所示：

$$BE^F = Mw_i^F = \frac{M(N+\mu)(a-\lambda) + M\theta \times H(N,\ \mu)}{H(N,\ \mu)(M+1)} \tag{3-14}$$

可见，跨国公司进入东道国后，对上游企业的产量（后向关联产量效应）存在两种截然不同的作用。一是跨国公司的进入降低后向关联效应，因为跨国公司进入东道国市场后，使下游产业竞争程度增强，从而使得部分东道国企业退出市场，引致下游产业企业的产量缩减，进而减少对上游产业中间产品的需求，即为负向的挤出效应。二是跨国公司进入后增强后向关联效应，因为跨国公司进入后的本土采购增加对上游产业中间产品的需求，即为正向的联系效应。

由以上分析可见，相对于未进入时，跨国公司对东道国企业后向关联产量效应的影响如式（3－15）所示：

$$BE^F = Mq_i^F \geqslant BE^s = Mq_i^s,\ 当且\ \mu \geqslant \mu^*(N) = N/(N+1) \tag{3-15}$$

推论 1：当跨国公司进入东道国市场后，当且仅当 $\mu \geqslant \mu^*(N) = N/(N+1)$ 时，即跨国公司生产率优于东道国企业的生产率但低于某个临界值时，会增强对东道国上游产业的后向关联产量效应。

在跨国公司完全从东道国上游企业购进中间产品的假设下，当 $\mu \leqslant \mu^*(N) = N/(N+1)$ 时，说明跨国公司与东道国下游企业的生产率存在明显差距，跨国公司进入后所产生的挤出效应大于联系效应，从而降低了东道国下游产业对上游产业的后向关联效应。

特例，当 $\mu = 0$ 时，$BE^s = \frac{MN\ (a-\lambda-\theta)}{(N+1)\ (M+1)}$，$BE^F = \frac{MN\ (a-\lambda-2\theta)}{(N+2)\ (M+1)}$，此时，$BE^F \leqslant BE^s$。

因为此时跨国公司的生产率远远高于东道国企业，一方面，跨国公司进入后东道国企业退出市场，产生明显的挤出效应，进而减弱行业整体对上游产业的产量需求；另一方面，存在明显技术差距时，东道国上游企业提供的中间产品难以达到跨国公司对产品的品质要求，跨国公司会尽量减少对东道国上游中间产品的需求，甚至需求为0，两方面综合起来使得联系效应远远小于挤出效应，跨国公司进入后带来的后向关联产量效应没有增加反而减少。

由于临界值 $\mu^*(N)=N/(N+1)$，μ^* 随着 N 的增加而增加，而 N 上升表明东道国下游产业竞争性增强，又根据假设 $\mu^*\leqslant\mu\leqslant1$，因此，随着 μ^* 的不断增大，跨国公司的进入对东道国产业的后向关联效应会趋于减少。于是我们可以得出推论 2。

推论 2：东道国下游产业的竞争性越强，跨国公司进入后增加东道国后向关联效应的可能性越小。

四、存在垂直关联效应时的后向关联效应

如前面章节分析，跨国公司进入东道国后，为减低采购成本、提高中间产品质量等，会对上游供应商提供技术支持、先进的管理经验等，这会促使东道国上游行业供应商提升技术水平、改善管理绩效，从而会使上游企业的技术水平和生产率有所提高，促使中间产品价格下降。相应地，跨国公司又会增加对东道国中间产品的需求，进一步增加后向关联效应。同样，国内下游企业也会从中间产品价格下降中受益，由此产生迂回的技术溢出效应。下文研究存在垂直技术外溢时，对东道国产业后向关联的影响。

为方便计算，可设 N = M = 1，并假定跨国公司进入东道国市场后，东道国上游企业获得技术外溢 t，则东道国上游企业生产的边际成本下降为 $(\theta-t)$，t 可表示跨国公司技术溢出的程度。不存在技术溢出时，东道国上游企业中间产品的均衡价格和均衡产量分别如式（3－16）和式（3－17）所示：

$$w_i^F=\frac{(1+\mu)(a-\lambda)+\theta H(1,\ \mu)}{2H(1,\ \mu)} \tag{3-16}$$

$$q_i^F=\frac{(1+\mu)(a-\lambda)-\theta H(1,\ \mu)}{6} \tag{3-17}$$

这里，$H(1, \mu) = 2(1+\mu^2-\mu)$，所以，$BE^F = Mq_i^F = \frac{(1+\mu)(a-\lambda) - \theta H(1, \mu)}{6}$。

跨国公司存在技术溢出时，东道国上游企业中间产品均衡价格和均衡产量分别如式（3－18）和式（3－19）所示：

$$(w_i^F)^t = \frac{(1+\mu)(a-\lambda) + (\theta - t)H(1, \mu)}{2H(1, \mu)} \quad (3-18)$$

$$(q_i^F)^t = \frac{(1+\mu)(a-\lambda) - (\theta - t)H(1, \mu)}{6} \quad (3-19)$$

则：$BE^F = M(q_i^F)^t = (q_i^F)^t$

推论3：当存在跨国公司垂直技术溢出时，东道国上游企业的中间产品价格下降：$(w^F)^t \leqslant w_i^F$，中间产品的产量会上升，因为 $(q_i^F)^t \leqslant q_i^F$，跨国公司进入后带来的后向关联效应增加，$(BE^F)^t \geqslant BE^F$。

发生垂直技术溢出后，跨国公司的利润对技术溢出程度的一阶导数为：

$$\frac{\partial \pi_m^F}{\partial t} \geqslant 0 \Rightarrow 2q_m^F \left(\frac{\partial q_m^F}{\partial t}\right) \geqslant 0 \Rightarrow 2\mu - 1 \geqslant 0 \Rightarrow \mu \geqslant \frac{1}{2}$$

东道国下游产品企业利润与技术溢出程度的一阶导数为：

$$\frac{\partial \pi_d^F}{\partial t} \geqslant 0 \Rightarrow 2q_d^F \left(\frac{\partial q_d^F}{\partial t}\right) \geqslant 0 \Rightarrow \mu \leqslant 2$$

推论4：由于跨国公司的进入，其对东道国下游企业产生垂直技术溢出，通过使得上游中间产品价格下降导致东道国下游企业的利润增加，而跨国公司不能从垂直技术溢出中获得全部收益。

当且仅当跨国公司与东道国最终产品生产厂商的技术水平或生产率差距不大时（$\mu \geqslant \frac{1}{2}$），跨国公司才会主动对供应商进行技术指导等。由于东道国下游企业同时通过前向关联从跨国公司的垂直技术溢出中获利，进而对跨国公司形成竞争。为避免和减弱这种效应，跨国公司会倾向于通过排他性合约等方式约束东道国供应商企业向其他厂商提供产品。

通过以上分析，我们得出如下结论：第一，跨国公司进入东道国下游产业后带来的后向关联效应包括两方面：一是挤出效应，使得东道国下游产业对上游中间产品的需求减少；二是联系效应，跨国公司的本土采购增加对东道国上游中间产品的产量需求。后向关联效应大小取决于跨国公司与东道国下游企业之间的技术差异，技术差异越小（即 μ 越接近于1），跨国公司进入后带来的后向关联效应越强。第二，东道国下游企业与跨国公司的技术差距不大时（$\mu \geqslant \frac{1}{2}$），跨国公司会加强对上游供应商的技术支持，后向关联溢出效应明显，后向关联的产量效应也将进一步增强。第三，跨国公司进入东道国竞争程度高的下游产业时，对东道国上游产业的后向关联产量效应不明显。

第二节　吸收能力与溢出效应

技术溢出并不是一个自动发生的过程，吸收能力被认为是影响溢出效应的关键因素（Cohen、Levinthal，1990；Wang、Blomstrom，1992；Kokko，1994；Keller，2004；Girma、Gorg，2005）。按照 Zahra 和 George（2002）的定义，吸收能力即为企业获取、消化、整合及实际利用外源知识的能力。因此，吸收能力在外源技术转换为企业内部知识存量的过程中具有关键作用。

一、吸收能力、技术溢出与技术水平的局部均衡模型

Nelson 和 Phelps（1966）提出的分析人力资本、技术扩散和经济增长三者关系的模型被广泛应用于技术扩散和生产率提升的研究中。本节在 Nelson 和 Phelps（1966）模型的基础上，对吸收能力、技术溢出及技术进步进行简单的局部均衡分析。

1. 模型 1

模型 1 有两个假设：一是外资企业的技术水平由其初始技术存量和自身 R&D 活动决定，不受到本土企业的技术水平影响，即不存在逆向技术溢出；二是本土企业技术水平的增长由自身 R&D 活动以及获取的技术溢出共同决定，且假定技术水平越高的本土企业创新能力越强，

由自身 R&D 获取的技术增长越高。

假定外资企业在 t 期的技术水平为 T（t），并以指数 λ 的增长率连续稳定增长，如式（3－20）所示：

$$T(t) = T_0 e^{\lambda t}, \lambda > 0 \quad (3-20)$$

式中，T_0 表示外资企业的初始技术存量。

结合假设 2，本土企业的技术水平增长率可以如式（3－21）所示：

$$\dot{A}(t) = \theta T_t + rA_t, \ \theta \geqslant 0, \ r \geqslant 0 \quad (3-21)$$

式中，θ 表示本土企业从外资企业外溢知识中获取溢出效应的能力，用于衡量本土企业吸收能力的大小。A_t 表示在 t 期本土企业的技术水平，r 是本土企业技术水平与其 R&D 活动成效的比值，表示当期技术水平对技术增长率的影响程度。在不存在溢出效应的情况下，$\dot{A}(t) = rA_t$，即在无技术溢出的情况下，本土企业凭借自身 R&D 活动，技术水平以指数 r 的增长率连续稳定增长。

将式（3－21）进行积分，并结合式（3－20），得到 A_t 的表达式，如式（3－22）所示：

$$A(t) = \left(A_0 - \frac{\theta}{\lambda - r} T_0\right) e^{rt} + \frac{\theta}{\lambda - r} T_0 e^{\lambda t} \quad (3-22)$$

式（3－22）进一步变换如式（3－23）所示：

$$A(t) = A_0 + \frac{\theta}{\lambda - r} T_0 (e^{\lambda t} - e^{rt}) \quad (3-23)$$

一般情况下，外资企业的技术创新能力要大于本土企业，由 λ 得如式（3－24）所示：

$$e^{\lambda t} - e^{rt} > 0 \quad (3-24)$$

因此，可以看出，本土企业的吸收能力 θ 越大，其技术水平相比其初始存量提升越多。

在极端情况下，本土企业的技术水平提高完全依靠外资企业技术溢出，即 r＝0 的情况下，式（3－23）可以转化如式（3－25）所示：

$$\frac{A_t - A_0}{T_t - T_0} = \frac{\theta}{\lambda} \quad (3-25)$$

因为 λ 为外生给定，本土企业技术水平的提高与 θ 正相关。本土企业能够获得多大程度的溢出效应取决于其吸收能力的大小。

2. 模型 2

如前所述，溢出效应的大小受到本土企业与外资企业间技术差距的影响，因此设定技术差距与溢出效应的模型。

模型 2 有三个假设：一是外资企业的技术水平由其初始技术存量和自身 R&D 活动决定，不受到本土企业的技术水平影响，即不存在逆向技术溢出（同模型 1）；二是本土企业技术水平的增长是外资企业溢出效应的函数，即不考虑本土企业自身 R&D 活动的影响；三是本土企业技术水平增加率与内外资企业的技术差距相关，当两者技术差距越大时，溢出空间越大（Findlay，1978；Sjoholm，1999），溢出效应越大，本土企业技术水平提升越明显。

同样，假定外资企业在 t 期的技术水平为 T(t)，并以指数 λ 的增长率连续稳定增长，如式（3－26）所示：

$$T(t)=T_0e^{\lambda t},\lambda>0 \tag{3-26}$$

式中，T_0 表示外资企业的初始技术存量。

同样，假定本土企业在 t 期的技术水平为 A(t)。结合假设 3，本土企业的技术水平增长率可以如式（3－27）所示：

$$\dot{A}(t)=\theta(T_t-A_t) \tag{3-27}$$

式中，(T_t-A_t) 表示外资企业与本土企业技术水平差距；θ 表示本土企业从外资企业获取溢出效应的能力，即本土企业吸收能力（同模型 1）。

对式（3－27）进行积分运算，式（3－27）可以转化如式（3－28）所示：

$$A_t=\left(A_0-\frac{\theta}{\theta+r}T_0\right)e^{-\theta t}+\frac{\theta}{\theta+r}T_0e^{\lambda t} \tag{3-28}$$

当 $t\to\infty$，$e^{-\theta t}\to0$，可以得到在长期中将收敛于$\frac{\theta}{\theta+r}T_0e^{\lambda t}$。即在长期中，其均衡值为$\frac{\theta}{\theta+r}T_t$。通过变形可以得到式（3－29）：

$$\frac{\lim\limits_{t\to\infty}(T_t-A_t)}{\lim\limits_{t\to\infty}A_t}=\frac{\lambda}{\theta} \tag{3-29}$$

因 λ 为外生给定，内外资企业技术水平差距与 θ 负相关。当 θ 为零时，两者差距无限大。这是因为假定本土企业完全依靠外资企业带来的溢出效应提高技术水平，当本土企业不具备吸收能力时，完全不能获得技术溢出，而外资企业的技术水平以指数 λ 的增长率一直在连续稳定增长，则 $t\to\infty$ 时，两者间差距将无限扩大。当 θ 大于零时，内外资企业的技术差距与 θ 成反比，吸收能力越大，本土企业在技术水平上追赶外资企业就会越近，两者技术差距在长期形成的稳态中，绝对值会越小。在极端情况下，即 $\theta\to\infty$ 时，吸收能力无限大，$\lim\limits_{t\to\infty}(T_t - A_t) = 0$，此时本土企业和外资企业不存在技术差距。

二、吸收能力的促增效应和调节效应

Fosfuri 和 Tribó（2008）以及 Escribano 和 Tribó（2009）认为知识溢出并不是直接影响企业生产率的，而是要受到吸收能力的调节作用，即外溢知识通过内部化的一系列过程才能实现溢出效应，起到促进企业生产率提升作用。Escribano 和 Tribó（2009）利用 2265 家样本企业的调查数据，发现吸收能力的大小对外部知识溢出与创新绩效之间的关系具有正的调节作用，并发现在动荡的知识环境中，吸收能力的调节作用更明显。Zahra 和 Hayton（2008）基于 217 个全球制造业企业数据表明吸收能力可以调节国际风险投资和企业收益增长的关系，增强吸收能力对从国外市场获取新知识具有促进作用。

我们认为，吸收能力对供应商生产率的影响作用分为直接的促增作用和间接调节作用（见图 3－1）。一方面，吸收能力直接影响企业生产率，促进生产率提升，这得到许多经验研究和案例研究的支持；另一方面，不同企业对跨国公司外溢知识从内部化到创新的过程受到其吸收能力的影响。如前所述，跨国公司对本土供应商技术知识溢出的渠道包括技术指导、人员培训、标准设定和需求关联四个方面。在这四个溢出渠道中涉及隐性知识和显性知识的流动。知识流动本身并不能带来吸收方的知识增长和能力提升，只有通过技术学习，具有一定的吸收能力，将扩散的知识内部化形成创新绩效或促进企业生产率提升以后才能说完成了技术溢出的过程。跨国公司的显性知识和隐性知识形成供应商的隐性知识和显性知识的过程，包括内部化、综合化、社会化和外部化四个过程中均离不开供应商的技术学习，技术能力的高低决定知识吸收的效果及生产率的提升程度。所以，吸收能力的增强将促进对外溢知识的内部化从而提高企业生产率。对吸收能力调节效应的考察不仅可以揭示溢出效应大小的差异原因和条件，还可以洞察吸收能力发挥作用的机制。所以，吸收能力增强一方面直接促进企业生产率提升，另一方面调节本土企业吸收外溢知识的效果，进而提升生产率。吸收能力越强或吸收能力增进，企业生产率提升越快，吸收溢出效应的效果越好。当然，吸收能力较弱可能改变外溢知识溢出与生产率之间的正向关系，甚至带来逆向技术溢出。

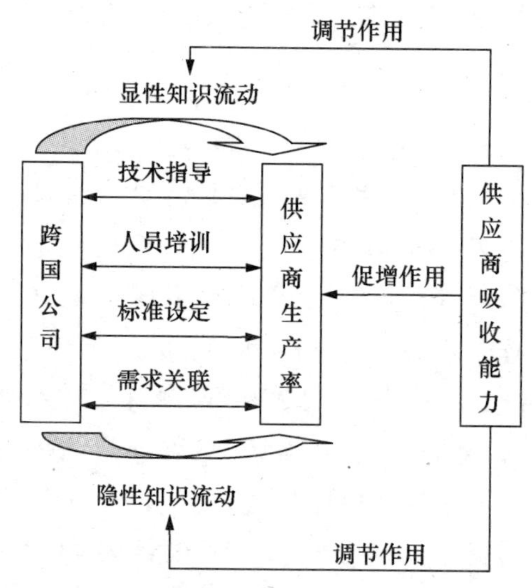

图3-1　吸收能力对技术溢出和生产率的促增作用和调节作用

考虑到吸收能力可以具体分为几种能力，即识别适宜的、有价值的外部技术，模仿与学习外部技术，技术的内化和商业应用的动态能力，我们分阶段来讨论吸收能力在吸收FDI技术外溢不同阶段中发挥的调节作用。

第一，适宜的和有价值的技术识别阶段。技术外溢并非是一个自发的过程，它需要企业有意识地汲取适宜的和对企业有价值的外源知识。技术知识具有专有性，相同的技术在不同的社会环境、消费者偏好、要素成本等条件下对企业生产率提升和技术进步的效果迥异。企业在学习和获取外溢技术过程中，必须投入一定的资金成本和人力资本，使企业在汲取外源知识的同时也承担着一定的投入风险。因此，企业提升技术识别能力，能够更加准确、有效地判断和挑选出适宜自身的技术，同时也有利于后期最大化获取外溢技术知识效果。企业的技术识别能力与企业现有的知识信息存量、员工的主动性及企业在搜寻外源知识上的努力程度等紧密相关，为技术模仿和学习阶段奠定了基础。

第二，技术模仿和学习阶段。这一阶段是指企业对外溢技术知识在模仿的基础上逐渐加深理解，最终转换为企业自身的知识储备。本土企业可以通过技术指导、人员培训、标准设定、需求关联等溢出渠道接受下游外资客户外溢知识，实现产品质量提升、生产工艺改进、管理方式优化以及企业技术水平提升等。技术知识具有独特性和难以模仿性。本土企业只有在内部环境和外部环境的影响下，通过组织的持续有效的学习机制将显性知识和隐性知识有机结合起来，不断实现知识的静态和动态积累，最终表现为企业生产率和技术水平的不断提升。所以，本土企业必须投入一定的成本，通过组织技术学习才能将外溢的知识转化成为企业内部知识。在这一阶段上，企业员工的专业水平和综合素质以及企业针对外溢技术所采取的态度、策略、组织学习的管理方式等决定了企业技术模仿和学习的能力。这种技术学习能力的高低，将在外溢技术内部化的过程中，影响企业处理问题的难易程度，与 FDI 溢出效应大小直接相关，同时也是外源技术商业化的必备条件。

第三，技术的商业应用阶段。这个阶段是供应商企业将吸纳的技术知识应用于商业生产，提升自身生产率的重要阶段。在这个阶段，除了技术能力和知识储备外，企业的生产组织和市场开发能力也尤为重要。技术的商业应用能力将决定 FDI 技术溢出的实际效果。企业只有具备这种能力，才能将无形的知识资本转换为有形的实物资本，在市场上占据竞争优势。

由上述分析可见，企业的吸收能力在识别 FDI 技术、技术的模仿和学习以及技术商业化应用过程中起到决定作用，进而对技术溢出和生产率提升的正向关系起到调节作用。东道国能在多大程度上吸收FDI的技术外溢反过来也必然影响到技术溢出的效果，吸收能力的强弱可以导致FDI对东道国国内技术进步的不同影响结果（赖明勇、包群等，2005）。其关系如图3－2所示。

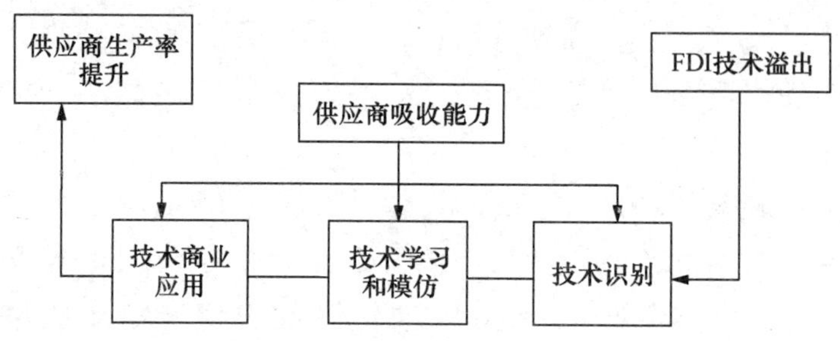

图3－2　吸收能力在三个阶段中的调节效应

第四章　FDI 在中国的情况和本土企业全要素生产率变化

在本章我们对中国制造业引进 FDI 的历程和现状特点进行研究，从而提炼出 FDI 进入与制造业企业生产率变化具有紧密关系的典型事实。我们重点关注 FDI 的来源地、进入方式、市场导向以及市场占有率等在工业行业分布的特征和变化趋势。首先对 FDI 在中国的发展历程、现状特点以及外资企业的发展特点等进行分析，继而对引资历史长和总量大的广东省情况做相应的分析，最后利用半参数估计方法估计中国工业企业的 TFP。

第一节　FDI 在中国的发展情况

一、中国引进 FDI 的总体情况

1. 引进 FDI 的总量

1979～2012 年进入中国的 FDI 累计达 12720.04 亿美元，年均增长 14.97%。从投资量来看，受国际金融危机影响，2009 年中国实际利用 FDI 为 900.33 亿美元，同比下降 2.56%。随后，2010 年、2011 年和 2012 年逐渐恢复，实际利用 FDI 分别为 1057.35 亿美元、1160.11 亿美元、1117.16 亿美元。

2. 引进 FDI 的速度及引资阶段划分

图 4－1 描述了 1986～2012 年中国 GDP 和 FDI 的增长率变化情况。从 FDI 的年增长率来看，增长速度在不同时间段内波动较大，但与 GDP 增长率基本保持同方向变动态势。根据冯、利扎卡和童（Fung、Iizaka、Tong，2002）等学者的研究，中国吸引 FDI 的历程可以划分为以下三个阶段。

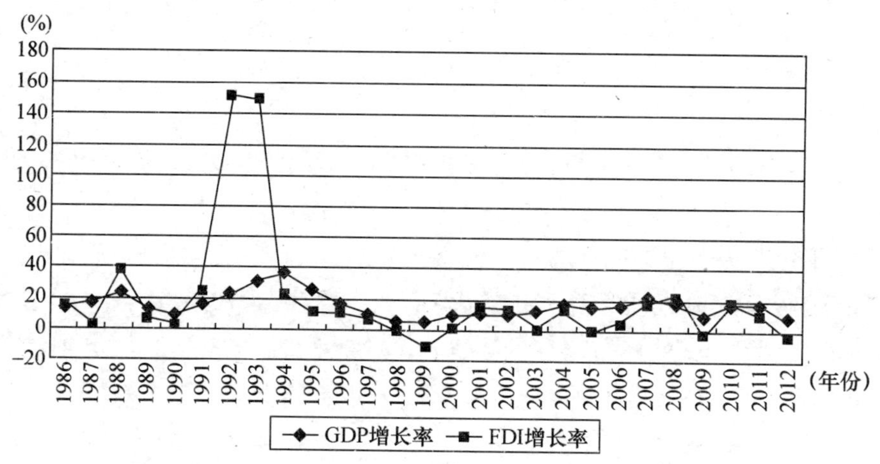

图 4－1　1986～2012 年中国 FDI 和 GDP 的增长率情况

资料来源：根据历年《中国统计年鉴》整理得到。

第一阶段（1979～1991 年）是初始发展阶段。在此阶段中国政府开始着手设立经济特区和沿海开放城市，颁布新的法规政策来允许外国投资者与国内投资者成立合资企业。在此阶段，FDI 数量较低，投资领域仅限于设立的经济特区。

第二阶段（1992～2000 年）是高速发展阶段。1992 年邓小平同志南方谈话后，地区优惠政策逐渐向内地延伸，先后开放了边境城市和长江沿岸城市。在这个阶段，欧、美、日等大型跨国公司也纷纷抢滩国内市场，中国吸收外资的规模迅速扩大。截至 2001 年底，美资、日资、德资占外商在华直接投资额的比重分别从 1992 年的 4.60%、6.63% 和 0.81% 上升到 2001 年的 9.46%、9.28% 和 2.59%，出现了大规模增长。

第三阶段（2001年至今）是稳步发展阶段。在此阶段，由于中国加入世界贸易组织（World Trade Organization，WTO），引进外资的规模稳步增长，年平均增长率达9.56%，伴随着外资规模的扩大，投资质量逐渐提高，外资对第三产业、高科技行业的投资增多，来自欧美等发达国家的投资比重日益提高。

3. FDI的行业分布

中国吸引的FDI主要分布在第二产业特别是工业，近年来并有向第三产业转移的趋势。2012年，投向第二产业的FDI为524.58亿美元，占总投资的46.96%。相比较而言，投向第一产业的FDI为20.62亿美元，占总投资额的比重只有1.85%。投向第三产业的FDI为571.96亿美元，占总投资额的51.20%。从1997年、2003年、2008年和2012年四年的情况来看，FDI在第一产业中分布的比例变化幅度不大，但在第二产业中所占比重下降幅度较大，在第三产业中所占比重稳步上升。在第三产业中，批零贸易及餐饮业、金融业和保险业在中国吸收FDI中的所占比重分别从2003年的2.3%和0.13%上升到2008年的4.80%和0.62%，房地产业吸收外资从2000年的52.32亿美元上升到2008年的185.90亿美元，表明近年来我国FDI的行业分布逐渐流向服务业，投资结构逐渐趋于高端化（见表4-1）。

表4-1　近年来中国利用外资的行业比较

行业 \ 项目 / 年份	FDI（万美元）				比重（%）			
	1997	2003	2008	2012	1997	2003	2008	2012
第一产业	62763	100084	119102	206222	1.39	1.87	1.29	1.85
第二产业	3256989	3917919	5325624	5245768	71.97	73.23	57.64	46.96
其中：工业	3162956	3884284	5268341	5168722	69.89	72.60	57.0	46.27
第三产业	1205952	1332464	3794818	5719626	26.65	24.90	41.07	51.20

资料来源：根据历年《中国统计年鉴》整理所得。

4. FDI的地区分布

中国近年来实际利用外资在区域分布方面呈现东、中、西递减状况，具体表现为东部地区省份所占比重最多，中部地区和西部地区较低。从2004年、2008年、2012年三个年份的比较来看，东部地区在FDI总量上占全国绝大部分比重，但近年来有所下降。西部地区的引资现状近年来得到明显的改善，在引资总量上稳步上升，引资比重也在逐步增加。中部地区在引资总量方面增速较快，引资所占比重有明显上升，并高于西部地区（见表4－2）。

表4－2 中国分地区外商投资情况

地区 \ 项目 / 年份	外商投资总额（亿美元）			比重（%）		
	2004	2008	2012	2004	2008	2012
东部地区	10813.35	19273.03	26000.88	82.47	82.93	79.73
中部地区	1252.68	2227.21	3407.17	9.55	9.58	10.45
西部地区	536.8	1116.71	1997.91	4.09	4.80	6.13

注：东部地区包括北京、天津、河北、辽宁、上海、江苏、浙江、福建、山东、广东、海南；中部地区包括山西、吉林、黑龙江、安徽、江西、河南、湖北和湖南；西部地区包括重庆、四川、贵州、云南、西藏、陕西、甘肃、青海、内蒙古、广西、宁夏和新疆。

资料来源：根据历年《中国统计年鉴》整理所得，考虑到外资在中直部门的投资，所以地区投资占全部的投资比重相加并不等于1。

5. FDI的来源地分布

据《中国统计年鉴》（2012）的统计数据显示，2012年中国全年吸引FDI达1117.16亿美元，资金的主要来源地分别为中国香港（占58.69%）、维尔京群岛（占7.01%）、日本（占6.58%）、新加坡（占5.64%）、中国台湾（占2.55%）、韩国（占2.72%）、美国（占2.32%）、开曼群岛（占1.77%）、萨摩亚（占1.56%）。来自以上国家或地区的资金总额占实际利用资金额的88.84%，说明中国引进的FDI仍以亚洲地区的资金为主，占全部FDI总额的80%，相比2008年还上升近18个百分点。来自亚洲投资中又以来自港澳台地区的投资最多，占到了全部FDI总额的61.23%（2008年为47.1%）。来自欧洲的投资以英国最多，总量相对较少，只占了总量的0.51%（2008年为0.99%）。来自美国的投资占2.32%（2008年为3.19%），低于日本、新加坡、韩国等国家对中国的投资比重，并且和美国在发达国家的投资比例相比还偏低，如图4－2所示。

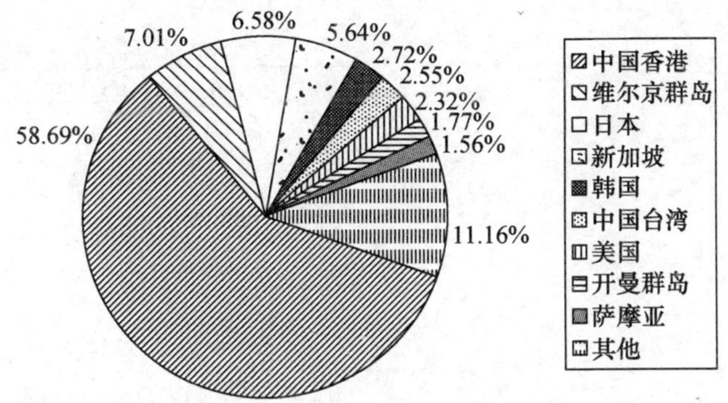

图4－2 2012年中国实际利用外资的国别（地区）分布

二、外商投资企业在中国的发展现状

截至2012年，中国已累计吸引FDI达12720.04亿美元，其中大部分集中于工业行业，经过多年的发展，外商投资企业在中国工业经济中占有重要的地位。

1. 外商投资企业在中国工业经济中占据重要地位

表4－3显示了1998～2012年外商投资企业的工业总产值、固定资产（年平均余额）、从业人员（年平均数）以及主营业务收入占全部工业企业相应指标的比重及变化趋势。从这些指标来看，FDI在中国经济的几项指标中已占近1/4的比重，但从2005年以来有逐步弱化的趋势。并且，外商投资企业的出口额占全部工业企业的比重在2007年以前一直保持在60%～70%的高水平，最近几年大幅度下降，下降至45%左右，说明中国出口的工业产品仍主要来自外商投资企业，但这种现象在逐步转变。

表4－3 外商投资企业占中国全部工业企业比重情况

项目 年份	总产值比重（%）	出口比重（%）	固定资产比重（%）	从业人员比重（%）	主营业务收入比重（%）
1998	24.74	—	18.84	24.33	12.51
1999	26.07	—	19.17	25.72	13.64
2000	27.39	—	18.94	26.79	15.34

续表

年份 \ 项目	总产值比重（%）	出口比重（%）	固定资产比重（%）	从业人员比重（%）	主营业务收入比重（%）
2001	28.52	63.54	20.04	27.76	17.26
2002	29.30	—	20.34	28.49	19.10
2003	31.18	66.66	20.77	30.46	21.90
2004	32.72	—	23.29	32.73	26.51
2005	31.74	69.76	23.94	31.61	27.55
2006	31.61	69.37	24.23	31.55	28.78
2007	31.50	70.56	25.08	31.40	29.88
2008	29.52	—	24.31	29.32	29.19
2009	27.85	—	22.52	27.70	27.75
2010	27.19	69.25	22.41	27.05	27.72
2011	25.87	68.65	20.93	25.69	28.08
2012	24.17	68.34	19.13	—	23.88

资料来源：根据历年《中国统计年鉴》相应数据计算而得。

2. 外商投资企业在各行业中的产出比重呈现加强到弱化态势

由表4－4可知，外商投资企业遍布中国36个工业行业，并且在一些行业产出中占主导地位。我们把外商投资企业工业增加值占全部工业企业增加值的比重分为50%、30%～50%以及30%以下三个区间段来比较变化情况。1999年增加值比重在50%以上的有4个行业，30%～50%的有10个行业，30%以下的有22个行业。到2007年，低于30%的行业减少到18个，而30%～50%区间段的行业数为14个，这说明1999～2007年外商投资企业在行业产出中的比重有所加强。到2011年，总产值比重在50%以上减少为2个，30%～50%的下降为9个，说明外资在工业行业中的控制力有所下降。另外，FDI产值比重大的行业仍集中在文教体育用品制造业以及电子信息行业。

3. 外商投资企业进入方式从合资转向独资

自改革开放以来，我国FDI的进入方式经历了从以合资企业为主向以独资企业为主的转变。如图4－3所示，1994年FDI投向外商合资

表 4-4　1999 年、2007 年和 2011 年中国 FDI 产值比重

	1999 年	2007 年	2011 年
>50%	皮革、毛皮、羽毛（绒）及其制品业，文教体育用品制造业，电子及通信设备制造业，仪器仪表文化办公用机械制造业（计 4 个行业）	皮革、毛皮、羽毛（绒）及其制品业，文教体育用品制造业，仪器仪表及文化、办公用品制造业，通信设备、计算机及其他电子设备制造业（计 4 个行业）	文教体育用品制造业，通信设备、计算机及其他电子设备制造业（计 2 个行业）
30%～50%	电气机械及器材制造业，金属制品业，塑料制品业，橡胶制品业，化学纤维制造业，家具制造业，服装及其他纤维制品制造，食品制造业，木材加工及木、竹、藤、棕、草制品业，印刷业记录媒介的复制（计 10 个行业）	食品制造业，饮料制造业，纺织服装、鞋、帽制造业，家具制造业，造纸及纸制品业，印刷业和记录媒介的复制，化学纤维制造业，橡胶制品业，塑料制品业，金属制品业，交通运输设备制造业，电气机械及器材制造业，工艺品及其他制造业，燃气生产和供应业（计 14 个行业）	食品制造业，饮料制造业，纺织服装、鞋、帽制造业，交通运输设备制造业，电气机械及器材制造业，燃气生产和供应业，皮革、毛皮、羽毛（绒）及其制品业，仪器仪表及文化、办公用品制造业，工艺品及其他制造业（计 9 个行业）
<30%	自来水的生产和供应业，煤气的生产和供应业，电力蒸汽热水生产供应业，专用设备制造业，普通机械制造业，有色金属冶炼及压延加工业，黑色金属冶炼及压延加工业，非金属矿物制品业，医药制造业，化学原料及制品制造业，石油加工及炼焦业，造纸及纸制品业，纺织业，烟草加工业，饮料制造业，食品加工业，木材及竹材采运业，非金属矿采选业，有色金属矿采选业，黑色金属矿采选业，煤炭采选业，交通运输设备制造业（计 22 个行业）	水的生产和供应业，电力、热力的生产和供应业，专用设备制造业，通用设备制造业，有色金属冶炼及压延加工业，黑色金属冶炼及压延加工业，非金属矿物制品业，医药制造业，化学原料及化学制品制造业，石油加工、炼焦及核燃料加工业，木材加工及木、竹、藤、棕、草制品业，纺织业，烟草制品业，农副食品加工业，非金属矿采选业，有色金属矿采选业，黑色金属矿采选业，煤炭开采和洗选业（计 18 个行业）	水的生产和供应业，电力、热力的生产和供应业，专用设备制造业，通用设备制造业，有色金属冶炼及压延加工业，黑色金属冶炼及压延加工业，非金属矿物制品业，医药制造业，化学原料及化学制品制造业，石油加工、炼焦及核燃料加工业，木材加工及木、竹、藤、棕、草制品业，纺织业，烟草制品业，农副食品加工业，非金属矿采选业，有色金属矿采选业，黑色金属矿采选业，煤炭开采和洗选业，造纸及纸制品业，印刷业和记录媒介的复制，化学纤维制造业，橡胶制品业，塑料制品业，金属制品业，家具制造业（计 25 个行业）

注：为统一行业口径，并未将 2011 年的其他矿选业、石油和天然气开采业、废弃资源和废旧材料回收加工业列入。数据限制，2011 年产值比重为总产值比重。

资料来源：2000 年、2008 年和 2012 年《中国统计年鉴》。

企业的比重占73.45%，之后一直到2012年该比重呈现不断下降的趋势。FDI投向外商独资企业的比重不断上升，从1994年的26.55%上升为2012年的77.10%。与此同时，外商独资企业和合资企业总产值占全部工业总产值的比重表现出独资企业和合资企业都有所下降的特征。如图4-4所示，外商独资与合资企业在工业产业中的地位从2006年到2008年几乎同步下降，外商独资企业占全部工业企业增加值比重从2006年的10.56%下降为2011年的8.17%，合资企业比重则相应地从10.4%下降为8.52%。另外，据《中国外商投资报告（2012）》数据，2009年国内最大500家外商投资企业独资比例（46.4%）低于非500家企业12.9个百分点，规模小的外商投资企业更倾向于独资形式进入中国。

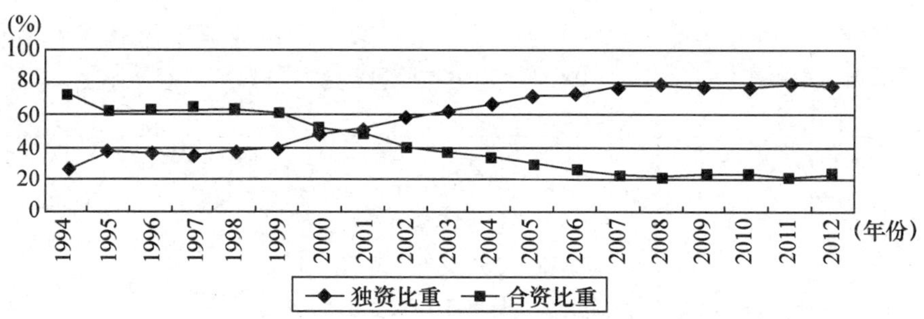

图4-3　外商直接投资的进入方式

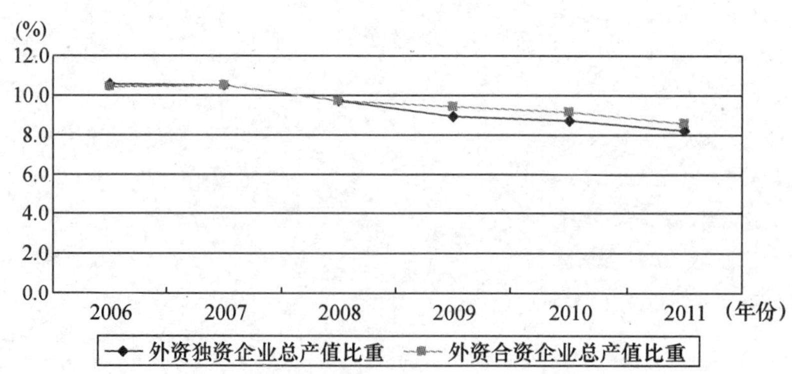

图4-4　外商独资企业与合资企业增加值比重

4. 外商投资企业以非港澳台地区企业为主，并且比重呈现上升趋势

由于FDI主要投向工业行业，我们从产出方面来看不同来源地的外资工业企业的比重情况。图4-5显示了中国近年来FDI中港澳台地区投资企业（HMT）与其他纯外资企业（Non-HMT）占全部工业企业总产值的比重及变化趋势。虽然港澳台地区投资企业在外资工业企业总产值中所占比重在近年来呈现出缓慢下降的趋势（总量仍在上升），从1999年的13.7%下降为2012年的8.81%；而其他外商投资企业比重在近年来有较大幅度上升，从1993年的4%上升为2007年的21%，近年来有所下降，2012年为15.36%。

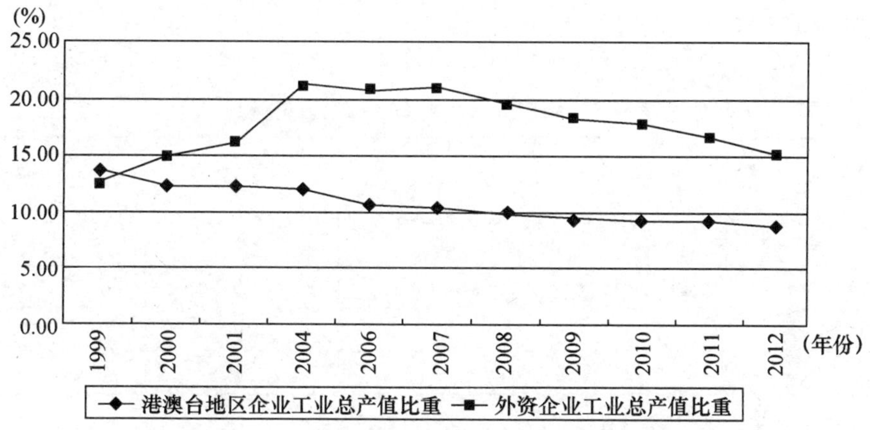

图4-5 不同来源地的FDI企业总产值比重

5. 出口导向型外资企业占较大比重

我们利用外商投资企业的出口额占其销售额比值来判断FDI的市场导向，同时分四个区间段来统计处于不同区域的行业数目，比重大于50%的行业称为出口导向型行业。表4-5列出了2001年、2003年、2007年以及2011年各区间段的行业数目。我们可以看到，2001年出口导向型行业有7个，比重介于20%~50%的行业有13个，比重介于10%~20%的有7个，小于10%的有9个；到2003年出口导向型行业数量有所增加，并且主要集中在纺织服装、家具制造、文体用品等劳动密集型行业以及国内生产工序为加工组装的电子电气、仪器仪表等行

业。到 2007 年，比重大于 50% 的行业减少为 7 个，比重介于 20% ~ 50% 的行业减少为 10 个，比重介于 10% ~20% 的有 10 个，小于 10% 的有 11 个。到 2011 年，比重大于 50% 的行业减少为 4 个，比重介于 20% ~50% 的行业为 12 个，比重介于 10% ~20% 的有 8 个，小于 10% 的有 14 个。由此可见，大部分工业行业中的外资企业出口占销售比重有减小的趋势，外资企业将更多的产品转向国内市场。同时，从 2003 年以来，文教体育用品制造业、通信设备计算机制造业、家具制造业、仪器仪表及办公制造业四个行业的外资企业出口额比重一直保持在 50% 以上的高水平。一方面，这四个行业中外资企业产值占全部比重较高（前两个行业比重在 50% 以上）；另一方面，这些行业中的外资企业以出口导向型为主。

表 4-5 国内工业行业在各区间段的数目

比重＼年份	2001（个）	2003（个）	2007（个）	2011（个）
50% ~100%	7	9	7	4
20% ~50%	13	13	10	12
10% ~20%	7	7	10	8
0 ~10%	9	9	11	14

资料来源：根据《中国工业统计年鉴》相应年份计算而得。

从《中国外商投资报告（2011）》数据（见表 4-6）来看，在国内的最大 500 家企业出口额占销售额比重大于 50% 的比重近年来也有所下降，国内市场导向型企业（小于 30%）比重明显上升。金融危机后，500 家外资企业更加注重国内市场。从出口导向型外资企业的就业密集度来看，高出口导向型企业主要为劳动密集型企业。《中国外商投资报告（2011）》数据还显示，2009 年，最大 500 家企业中高出口导向型（出口比重大于 80%）企业就业密集度[①]指数为 0. 77，是国内市场导向型（出口比重低于 10%）企业就业密集度指数（0. 036）的 2 倍。这体现了高出口导向型外资企业以劳动密集型企业为主的特点。

① 利用劳动就业人数除以总产值计算得到就业密集度。

表4－6 最大500家外商投资企业出口占销售比重及市场导向

年份＼项目	出口比重	50%～100%	30%～50%	10%～30%	0～10%
2001	企业数（个）	177	31	56	236
	比例（%）	35.4	6.2	11.2	47.2
2003	企业数（个）	188	32	48	232
	比例（%）	37.6	6.4	9.6	46.4
2005	企业数（个）	210	34	43	213
	比例（%）	42	6.8	8.6	42.6
2006	企业数（个）	221	34	44	201
	比例（%）	44.2	6.8	8.8	40.2
2007	企业数（个）	222	20	49	209
	比例（%）	44.4	4	9.8	41.8
2008	企业数（个）	212	23	49	216
	比例（%）	42.4	4.6	9.8	43.2
2009	企业数（个）	179	20	40	261
	比例（%）	35.8	4	8	52.2

资料来源：根据《中国外商投资报告（2011）》数据整理。

第二节 广东省FDI的进入和外资企业情况

本节对广东省引进FDI的总体情况和广东省外资企业现状特点进行分析。选用广东省作为研究对象，是因为广东省在全国的特殊地位，其在各省份中引资历史最长、引资规模最大，集中了大部分的大型跨国公司。在引资30多年的历程中，在外资企业产值和出口比重、行业分布、企业类型以及FDI进入方式、FDI来源地等方面经历了明显的变化过程，能较好地反映FDI及外资企业在国内典型地区的演变，也便于我们在后续章节中从外资企业异质性角度分析技术溢出的不同效果以及在广东省的发展演变情况。同时，外资在广东省工业各行业中的分布范围较广和分布比较均衡，数据的同质性较好，相比采用全国数据，能减少因 FDI 在省份和行业分布差别较大带来的组间效应。

一、广东省引进 FDI 的总体情况

1. 引进 FDI 的总量

2012 年，广东省实际利用外资 241.06 亿美元，其中 FDI 为 235.49 亿美元。1978～2012 年，进入广东省的 FDI 总额为 2988.01 亿美元，年平均增长 21.58%。由于广东省改革开放最早，引资历史较长，广东省在 2010 年前累计利用外资居全国各省（直辖市）首位。2010 年起降至全国各省（直辖市）第二位，仅次于江苏省。

2. 引进 FDI 的速度与引资阶段划分

图 4－6 是 1980～2012 年广东省 GDP 和 FDI 的增长率变化情况。从 FDI 的年增长率来看，增长速度在不同时间段内波动较大，但与 GDP 增长率基本保持同方向变动态势。按照 FDI 的年增长率，我们将广东省引进外资分为以下几个阶段：1979～1985 年为起步阶段，在此阶段外资开始进入广东省，当年投资量出现高速增长，但在不同年份的波动情况较大。此阶段内总体呈现高速增长特征，年平均增长率高达 49.6%。1986～1991 年进入调整阶段，在此阶段外资相比前期年平均增长率大大减少（为 19.8%），在 1986 年还出现负增长情况，但 FDI

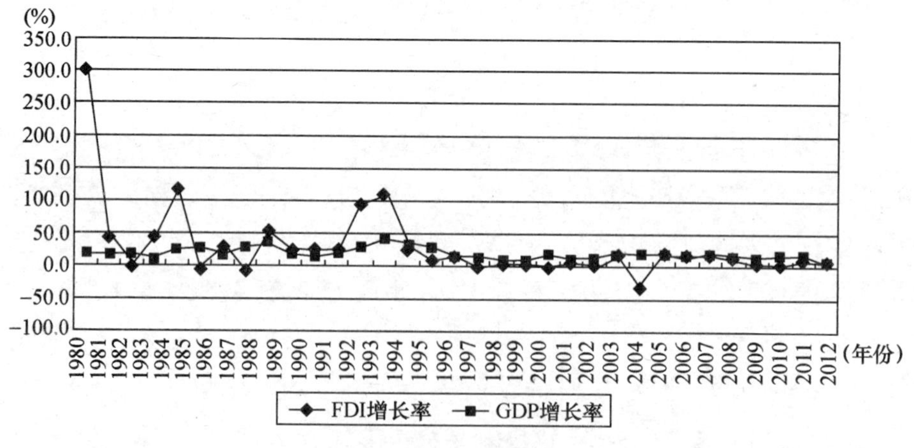

图 4－6　1980～2012 年广东省 FDI 和 GDP 增长率情况

的当年投资量相比前期大大增加。1992～1999年为平稳增长阶段，年平均增长率为23.5%。其中1992年和1993年出现快速增长势头，特别是1992年年增长率高达111.0%。这是因为1992年初邓小平同志南方谈话，肯定了广东经济发展的成绩，掀起了广东引进外资的新一轮高潮。2000年至今为低速增长阶段。2000～2012年年平均增长率仅5.2%，FDI的进入呈现低速平稳发展的态势。

3. FDI的行业分布

FDI主要分布在第二产业特别是工业（见表4－7）。2012年，投向第二产业的FDI为139.41亿美元，占总投资的59.2%；投向工业的FDI为137.48亿美元，占总投资的58.4%。相比较，投向第一产业的FDI为1.53亿美元，占总投资比重只有0.6%；投向第三产业的FDI为94.56亿美元，占40.2%。从1995年、2001年、2008年以及2012年这四年的情况来看，FDI在三次产业中的投资额均呈现增长趋势，但分布的比例有一定幅度的变动。其中，第二产业保持增长势头，占绝对比重，但比重从73.2%水平下滑至2011年的59.2%；第三产业的FDI总量增长较快，且比重有较大幅度上升，从2006年的24%上升至2012年的40.2%；第一产业的FDI总量有所增长，所占比重则在1%左右水平。与全国水平相比，FDI在广东省工业中所占的比重要高于全国10个百分点左右。这说明，广东省作为工业大省，吸引了较大比重的FDI。

表4－7　广东省利用外资的行业比较

项目 / 年份 / 行业	FDI（万美元）				比重（%）			
	1995	2001	2008	2012	1995	2001	2008	2012
第一产业	8376	17937	20832	15264	0.8	1.4	1.1	0.6
第二产业	745628	978232	1183000	1394052	73.2	75.4	61.7	59.2
其中：工业	702338	961590	1165113	1374779	69.0	74.1	60.8	58.4
第三产业	264024	301071	712871	945595	25.9	23.2	37.2	40.2

资料来源：根据《广东统计年鉴》相应年份数据计算所得。

4. FDI的地区分布

与全国水平类似，FDI在广东省的地区分布呈现不均衡状况。广东省实际利用外资在区域分布方面以珠三角为主，北部山区和东西两翼占少部分，其中北部山区稍高于东西两翼，数据如表 4 – 8 所示。2012 年，珠三角实际利用外资 215. 2 亿美元，占全省总量的 91. 4%；北部山区实际利用外资仅 9. 0 亿美元，占全省总量的 3. 8%；东西两翼实际利用外资仅 11. 3 亿美元，占全省总量的 4. 8%。从 1995 年、2000 年、2008 年和 2012 年四个年份的比较来看，珠三角在总量上保持较快增长，所占比重比较稳定且有上升趋势；东西两翼和北部山区的引资现状没有得到改善，一直维持少量和低比重，而且投资总量呈现波动发展态势。

表 4 – 8　广东省分地区实际利用外资情况

地区 \ 项目 / 年份	实际利用外资（亿美元）				占总比重（%）			
	1995	2000	2008	2012	1995	2000	2008	2012
珠三角	78. 5	103. 1	169. 21	215. 2	80. 3	82. 8	88. 4	91. 4
东西两翼	3. 96	8. 44	10. 08	11. 3	4. 1	6. 8	5. 3	4. 8
北部山区	15. 24	12. 91	12. 16	9. 0	15. 6	10. 4	6. 4	3. 8

资料来源：根据《广东统计年鉴》相应年份数据计算所得。

5. FDI 的来源地

据《广东统计年鉴》（2013），2012 年广东省的实际利用外资总额为 235. 49 亿美元，主要来自中国香港（占 62. 78%）、维尔京群岛（占 9. 21%）、萨摩亚（占 1. 56%）、新加坡（占 4. 98%）、日本（占 4. 72%）、开曼群岛（占 1. 28%）、美国（占 1. 99%）、中国台湾（占 0. 98%）以及中国澳门（占 1. 10%）。来自以上国家或地区的资金总额占据实际利用外资总额的 88. 64%，其中来自亚洲的资金占绝大部分，特别是来自港澳台地区和日本的直接投资。来自欧洲的投资以英国最多，但总量相对比较少。来自美国的投资占有一定分量，但和美国在发达国家的投资比例相比还偏低，如图 4 – 7 所示。

二、广东省外商投资工业企业的基本情况

截至 2012 年，广东省累计实际利用外资达 3510. 46 亿美元，当年 FDI 投资量为 235. 49 亿美元。FDI 主要集中在工业行业，其当年投资

量占总量的比重为58.4%。经过多年的发展，外商投资企业在广东省工业经济中占有重要的地位。

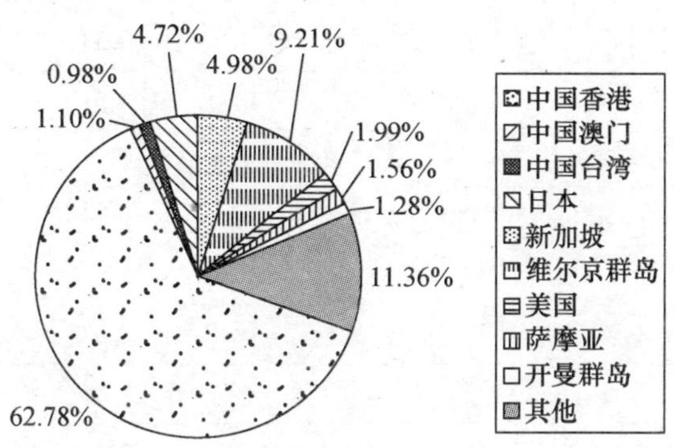

图4-7　2012年广东省实际利用外资的国别（地区）分布

1. 外商投资企业占半壁江山

表4-9显示了1999~2012年外商投资企业的工业增加值、固定资产年平均余额、从业人员年平均数以及出口额占全部工业企业的比重及变化趋势。如表4-9所示，外商投资企业在增加值、资产、人员方面占总量比重均超过50%，说明其在广东省工业经济中已占据半壁江山，对广东省工业经济发展起着重要作用。特别是外商投资企业的出口额占全部工业企业的比重在近年来一直保持在80%（2007年除外）左右的高水平，说明广东省出口的工业产品主要来自外商投资企业。与全国平均水平相比，外资工业企业在广东省工业经济中具有更突出的地位。

表4-9　广东省外商投资企业占全部工业企业比重情况

年份	增加值比重（%）	出口比重（%）	固定资产比重（%）	人员比重（%）
1999	0.54	0.83	0.50	0.52
2000	0.55	0.83	0.50	0.55
2001	0.58	0.86	0.52	0.58
2002	0.58	0.86	0.52	0.60
2003	0.59	0.87	0.51	0.63

续表

年份	增加值比重（%）	出口比重（%）	固定资产比重（%）	人员比重（%）
2004	0.62	0.87	0.54	0.66
2005	0.63	0.85	0.54	0.66
2006	0.55	0.82	0.51	0.65
2007	0.58	0.43	0.54	0.65
2008	0.58	0.82	0.54	0.61
2009	0.51	0.80	0.5	0.59
2010	0.59	0.79	0.53	0.58
2011	0.50	0.78	0.45	0.58
2012	0.48	0.77	0.45	0.57

资料来源：根据《广东工业统计年鉴》相应年份数据计算所得。

2. 外商投资企业在工业行业的主导地位呈现加强到弱化态势

我们把外商投资企业工业增加值占全部工业企业增加值的比重分为50%、30%～50%以及30%以下三个区间段来分析外资企业在工业行业中的情况。由表4－10可以看出，外商投资企业遍布36个工业行业，并且与全国平均水平相比，外资工业企业在广东行业产出中占有主导地位的行业明显较多。1999年增加值比重在50%以上的有18个行业，30%～50%的有10个行业，30%以下的有8个行业。到2005年，前两个区间段的行业数分别增加至23个和6个，30%以下区间段的行业减少为7个。这说明与全国平均水平类似，1999～2005年广东省外资企业总体上在工业行业中的产出地位得到了增强。另外，这种地位的增强还表现在大多数行业中。2005年与1999年相比，大多数行业的外商投资企业产出比重有所上升。增加值比重在50%以上的行业主要集中在制造业。增加值比重在30%以下的行业主要集中在采掘业、烟草工业、石油加工及炼焦业及水的生产供应业等资源性行业和公共产品生产业。到2011年，前两个区间段的行业数分别为11个和16个，30%以下区间段的行业为9个。这种趋势也与全国平均水平类似，广东省外资企业总体上在工业行业中的产出地位在逐步弱化。

表 4－10　广东省外资企业增加值比重的行业分布

比重	1999 年	2005 年	2011 年
>50%	食品加工及制造业，饮料制造业，纺织业，服装及其他纤维制品制造业，皮革、毛皮、羽毛（绒）及其制品业，家具制造业，造纸及纸制品业，印刷业，文教体育用品制造业，化学原料及化学制品制造业，橡胶制品业，塑料制品业，金属制品业，交通运输设备制造业，电子及通信设备制造业，仪器仪表及文化、办公用机械制造业，其他制造业，煤气生产和供应业（计 18 个行业）	食品加工及制造业，饮料制造业，纺织业，服装及其他纤维制品制造业，皮革、毛皮、羽毛（绒）及其制品业，木材加工及竹、藤、棕、草制品业，家具制造业，造纸及纸制品业，印刷业，文教体育用品制造业，化学原料及化学制品制造业，化学纤维制造业，橡胶制品业，塑料制品业，金属制品业，普通机械制造业，专用设备制造业，交通运输设备制造业，电气机械及器材制造业，电子及通信设备制造业，仪器仪表及文化、办公用机械制造业，其他制造业，煤气生产和供应业（计 23 个行业）	石油和天然气开采业，食品加工及制造业，饮料制造业，皮革、毛皮、羽毛（绒）及其制品业，造纸及纸制品业，文教体育用品制造业，化学原料及化学制品制造业，普通机械制造业，交通运输设备制造业，电子及通信设备制造业，煤气生产和供应业（计 11 个行业）
30% ~ 50%	木材加工及竹、藤、棕、草制品业，化学纤维制造业，普通机械制造业，专用设备制造业，电气机械及器材制造业，医药制造业，非金属矿物制品业，黑色金属冶炼及压延加工业，有色金属冶炼及压延加工业，电力、蒸汽、热水的生产和供应业（计 10 个行业）	石油和天然气开采业，医药制造业，非金属矿物制品业，黑色金属冶炼及压延加工业，有色金属冶炼及压延加工业，电力、蒸汽、热水的生产和供应业（计 6 个行业）	纺织业，服装及其他纤维制品制造业，木材加工及竹、藤、棕、草制品业，家具制造业，印刷业，医药制造业，化学纤维制造业，橡胶塑料制品业，非金属矿物制品业，黑色金属冶炼及压延加工业，有色金属冶炼及压延加工业，金属制品业，专用设备制造业，电气机械及器材制造业，自来水的生产和供应业（计 16 个行业）
<30%	煤炭采选业，石油和天然气开采业，黑色金属矿采选业，有色金属矿采选业，非金属矿采选业，烟草加工业，石油加工及炼焦业，自来水的生产和供应业（计 8 个行业）	煤炭采选业，黑色金属矿采选业，有色金属矿采选业，非金属矿采选业，烟草加工业，石油加工及炼焦业，自来水的生产和供应业（计 7 个行业）	煤炭采选业，黑色金属矿采选业，有色金属矿采选业，非金属矿采选业，烟草加工业，石油加工及炼焦业，其他制造业，电力、蒸汽、热水的生产和供应业（计 9 个行业）

注：将 1999 年和 2005 年的行业调整成 36 个行业进行对比，1999 年的其他矿采选业及木材及竹材采运业没有列入，2005 年的废弃资源行业、废旧材料回收加工业以及工艺品及其他制造业合并为其他制造业。以下同。

资料来源：《广东统计年鉴（2000）》、《广东统计年鉴（2006）》、《广东统计年鉴（2011）》。

3. 全国最大500家外商投资企业主要集中在广东

据《中国外商投资报告（2011）》数据，2009年全国最大500家外商投资企业在广东省的数目达117个，占23.4%，相比2001年该数目和比重均有明显下降，但仍占据全国各省和直辖市首位。同时，2009年，江苏（占19.2%）、山东（占9.0%）、上海（占8.2%）以及浙江（占6.2%）占全国比重分别排前五位，并且与广东省的差距得到缩小。这说明，广东省作为对外开放最早的省份之一，依靠改革开放政策和地域优势吸引了大型跨国公司投资。随着改革开放政策的进一步深入和国内其他地区经营环境的改善，大型跨国公司逐渐进入长三角和中西部地区。

4. 外商投资企业进入方式从合资转向独资

进入广东省的FDI同样经历了进入方式的转变：从投向合资企业为主转向以独资企业为主。如图4-8所示，1995年，FDI投向外商合资企业的比重占75%，1995~2011年该比重一直呈现下降趋势，2007年为18%，到2008年有小幅度回调上升至21%并稳定在大约20%的水平。与此同时，FDI投向外商独资企业的比重不断上升，从1995年的25%上升为2012年的75.4%（2007~2012年有小幅度波动，2007年最高为82.1%）。FDI投入方式的转变也带来了产出主体地位的转变。外商独资企业和合资企业的工业产出的地位从合资企业为主转向以独资企业为主。如图4-9所示，独资企业与合资企业在工业产业中的主要地位从2003年开始发生了交替，独资企业占全部外商投资企业比重从1999年的18%上升为2012年的37.8%，合资企业比重则相应地从36%下降为14.3%。

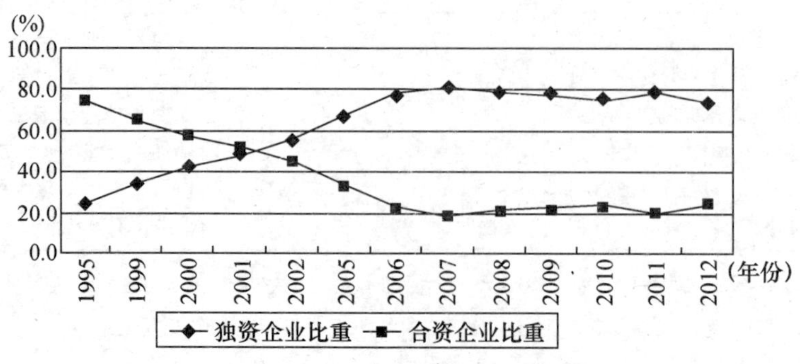

图4-8 广东省FDI进入方式

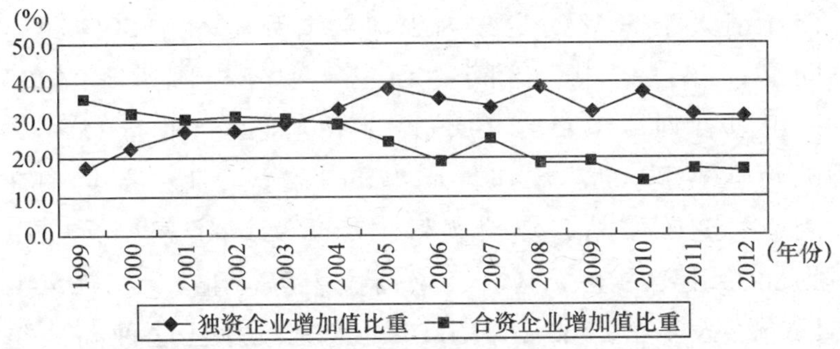

图4-9　广东省外商独资企业与合资企业增加值比重

5. 外商投资企业以港澳台地区企业为主，但比重呈现下降趋势

图4-10显示了港澳台地区投资企业与其他外资企业占广东省全部工业企业增加值的比重及变化趋势。港澳台地区投资企业在各地全部工业企业增加值中占较大比重，在2005年前保持在35%～40%，2006～2012年该比重持续下降，甚至低于同期其他外资比重；相比较，其他外商投资企业比重在近年来有一定的幅度上升，从1999年的15.8%上升为2005年的28.2%，但到2012年回落到25.6%。

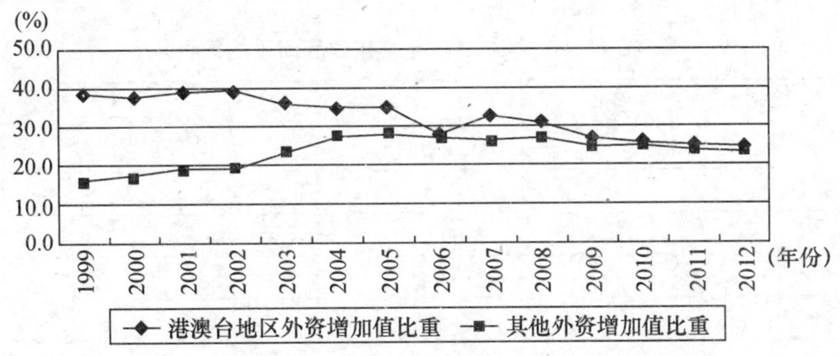

图4-10　广东省不同来源地的外商投资企业增加值比重

从不同来源地的FDI进入情况以及产出情况说明，港澳台地区以外的其他外商直接投资在1999～2005年呈增长态势，但2005年后有所下降，其在工业产出中占1/4的比重；同时港澳台地区投资企业占工业产出的比重有所下降，但仍发挥着重要作用。

6. 外商投资企业以出口导向型企业为主

我们利用外商投资企业的出口额占其销售额比值来判断FDI的市

场导向，该比值大于50%时定义为出口导向型，小于50%时定义为国内市场导向型，并且分四个区间段和三年来分析该比重的变化情况。从表4－11可以看到，1999年FDI出口导向型的行业有13个，国内市场导向型的行业有23个。出口导向型的13个行业主要集中在纺织服装、家具制造、文体用品、橡胶塑料生产等劳动密集型行业以及国内生产工序为加工组装的电子电气、仪器仪表等行业。到2005年，这13个行业均保持了大多数产品用于出口的状况，并且这种高比重状况对于大多数行业来说得到了加强。进一步研究发现，广东省加工贸易型外资企业的出口额占外资企业总出口额的绝大部分（2006年该指标为86.4%），这说明广东省出口导向型外商投资企业以加工贸易企业为主。同时，比重在20%～50%区间段的行业数目有所下降。从2007年数据来看，大于50%的行业数目减少1个，而10%～20%区间段的行业数目增加1个。到2009年，大于50%的行业数目增加1个，10%～20%区间段的行业数目增加1个，且0～10%区间段的行业数目减少2个，相比全国平均水平，广东省外资工业企业产品更多地用于出口，从趋势上看，广东省外资企业的出口比重先下降后来又缓慢回升。

表4－11 广东省工业行业在各区间段的数目

比重＼年份	1999（个）	2005（个）	2007（个）	2009（个）
50%～100%	13	13	12	13
20%～50%	12	9	9	9
10%～20%	2	5	6	7
0～10%	9	9	9	7

资料来源：根据《广东工业统计年鉴》相应年份计算而得。

第三节 FDI与中国工业部门的全要素生产率

近年来，有关中国工业部门的技术效率问题引起理论界广泛关注，特别是不少研究利用基于前沿分析的数据包络分析（DEA）方法或随

机前沿分析（SFA）方法测算中国工业的TFP及其分解项。基于DEA方法的代表性研究有陈勇和唐朱昌（2006）、李小平等（2006）、张军等（2009）对工业部门，颜鹏飞和王兵（2004）、郑京海和胡鞍钢（2005）、杨文举（2006）等对中国省域层面，郑京海等（2002）对微观国有企业的TFP进行估计。基于SFA方法的代表性研究有涂正革和肖耿（2005）、李胜文等（2008）对工业部门，姚洋和章奇（2001）对微观企业，王志刚等（2006）对省域层面的TFP进行测算。不同的研究由于测算方法、数据样本等的选择差异，得出的关于TFP增长率具体数值存在分歧。同时，大多数研究集中于对工业整体层面TFP及影响因素的探讨，忽视工业内部行业生产率变化的差异，也较少关注中国工业技术结构的合理性。陈菲琼等（2011）基于长三角地区苏浙沪两省一市工业部门1978~2007年的省级面板数据的分析，认为合理的工业部门技术结构能促进经济发展方式呈现良性转变现象。李胜文等（2008）基于1985~2005年中国34个工业细分行业面板数据，运用随机前沿生产函数，结果发现资本密集型制造业的TFP增长低于劳动密集型制造业和采掘业。张军等（2009）估算了工业分行业随机前沿生产函数，发现具有较低资本劳动比的轻工业组别相对于重化工业组别拥有更高的生产率增长。周燕等（2011）同时利用DEA和SFA测算中国1996~2007年各细分行业的生产率变动，得出机械电子行业TFP上升快，而纺织等传统行业和化工等资本技术密集型行业TFP变动低的结论。但这些研究没有进一步考察不同工业部门TFP分解项及其变化，也没有探讨其原因。我们选取涵盖中国工业改革的整个阶段和所有工业行业的样本数据（1980~2008年，38个工业行业），利用优势突出的两期DEA方法测算生产率及其分解项，比较工业四大类组别的指数差异和变化趋势，并寻找工业部门中外资企业的比重与这种差异性的关系。

一、基于两期DEA方法估算TFP

1. 技术模型的构建

我们把每一个行业看作一个生产决策单元，运用由Pastor等（2011）改造的DEA拓展模型——两期DEA模型来构造每个时期所有行业的生产最佳实践前沿面（或最优实践边界，或参考技术）。如果把每一个行业的生产与最佳实践前沿面进行比较，从而就能有效地对生产率、效率变化和技术进步进行测度。根据 Fare 等（1994）的研究，一个最优实践边界或者最佳实践前沿面可以由产出的生产可能性集合的方式来表述。假设在每一个时期 $t=1, \cdots, T$，第 $k=1, \cdots, K$ 个行业使用 M 种投入 $x=(x_1, \cdots, x_N) \in R_+^M$ 得到 N 种产出 $y=(y_1, \cdots, y_N) \in R_+^N$，这样就构造出一个产出的生产可能性集合，用 P（x）表示，如式（4－1）所示：

$$P(x)=\{(x,y): x\text{ 能够生产 } y, x \in R_+^M, y \in R_+^N\} \tag{4-1}$$

假设生产技术在规模报酬不变（以下简称 CRS）条件下，运用 DEA 方法可以将 t 期的生产可能性集合转化为如式（4－2）所示的参考技术模型：

$$T_C^t=\{(x^t,y^t): \sum_{k=1}^{k} z_k^t y_k^t \geqslant y, \sum_{k=1}^{k} z_k^t x_k^t \leqslant x, z_k^t \geqslant 0\} \tag{4-2}$$

式中，z_k^t 表示每一个横截面观察值的权重，$z_k^t \geqslant 0$ 表示 CRS，$t+1$ 期的技术模型 T_{t+1} 只需将式（4－2）的 t 改为 $t+1$。

在 t 和 $t+1$ 期技术模型的基础上，根据 Pastor 等（2011），本书将构建出两期技术（Biennial Technology）模型。两期技术可视为 t 和 $t+1$ 期技术的凸包（Convex Hull），它既包括了 t 期技术，也包括了 $t+1$ 期技术。由于 T_t 和 T_{t+1} 都满足 CRS，因此两期技术 T^B 也满足 CRS，即有两期技术模型如式（4－3）所示：

$$T_C^B=\text{conv}\{T_C^t, T_C^{t+1}\} \tag{4-3}$$

2. BM 指数及其分解

为了得到随时间变化的 Malmquist 生产率指数及其分解项，我们需要引入距离函数（Distance Function）。根据 Fare 等（1994），在既定参考技术下，t 时期的产出导向型的距离函数可定义如式（4－4）所示：

$$\begin{aligned}\vec{D}_0^t(x_k^t,y_k^t)&=\sup\{\beta:(x^t,\beta y^t)\in T_C^t\}^{-1}\\&=\inf\left\{\beta:(x^t,\frac{y^t}{\beta})\in T_C^t\right\}\end{aligned} \tag{4-4}$$

同理，把式（4－4）的 t 改为 $t+1$ 或 B 即可得到 $t+1$ 或两期距离函数。因此，我们可基于两期技术模型来构造出两期 Malmquist 生产率指数（以下简称 BM① 指数），如式（4－5）所示：

$$BM_t^{t+1}=\frac{\vec{D}_0^B(x_k^t,y_k^t)}{\vec{D}_0^B(x_k^{t+1},y_k^{t+1})} \tag{4-5}$$

利用该 BM 指数可以测度出 TFP 指数以及对 TFP 进一步分解为技术效率变化指数（EFFCH）和技术进步指数（TECH），如式（4－6）所示：

$$\begin{aligned}BM_t^{t+1}&=\frac{\vec{D}_0^B(x_k^t,y_k^t)}{\vec{D}_0^B(x_k^{t+1},y_k^{t+1})}\\&=\frac{\vec{D}_0^t(x_k^t,y_k^t)}{\vec{D}_0^{t+1}(x_k^{t+1},y_k^{t+1})}\times\left[\frac{\vec{D}_0^B(x_k^t,y_k^t)}{\vec{D}_0^t(x_k^t,y_k^t)}\times\frac{\vec{D}_0^{t+1}(x_k^{t+1},y_k^{t+1})}{\vec{D}_0^B(x_k^{t+1},y_k^{t+1})}\right]\\&=EFFCH\times TECH\end{aligned} \tag{4-6}$$

式中，分解的第一项表示技术效率变化，第二项表示技术进步变化，BM、EFFCH 和 TECH 这三个指数均可利用 DEA 求解以下线性规划，所得如式（4－7）所示：

$$\begin{aligned}&\vec{D}_0^t(x_k^t,y_k^t)=\max\beta\\ s.t.\ &\sum_{k=1}^{K}z_k^t y_{k,n}^t\geqslant\beta y_n^t,n=1,\cdots,N\\&\sum_{k=1}^{K}z_k^t x_{k,m}^t\leqslant x_m^t,m=1,\cdots,M\\&z_k^t\geqslant0,k=1,\cdots,K,t=1,\cdots,T\end{aligned} \tag{4-7}$$

同理，可以求解 t＋1 期技术下 t＋1 期决策单元的距离函数 $\vec{D}_0^{t+1}$（x_k^{t+1}，y_k^{t+1}）。式中的 $\vec{D}_0^B$（x_k^t，y_k^t）表示在包含 t 和 t＋1 期的两期构造的技术下，t 期决策单元的距离函数。利用两期 DEA 来求解以下线性规划，如式（4－8）所示：

$$\begin{aligned}&\vec{D}_0^B(x_k^t,y_k^t)=\max\beta\\ s.t.\ &\sum_{k=1}^{K}z_k^t y_{k,n}^t+\sum_{k=1}^{K}z_k^{t+1}y_{k,n}^{t+1}\geqslant\beta y_n^t,n=1,\cdots,N\\&\sum_{k=1}^{K}z_k^t x_{k,m}^t+\sum_{k=1}^{K}z_k^{t+1}y_{k,n}^{t+1}\leqslant x_m^t,m=1,\cdots,M\\&z_k^t\geqslant0,k=1,\cdots,K,t=1,\cdots,T\end{aligned} \tag{4-8}$$

同理，可以求解两期技术下 t＋1 期决策单元的距离函数 $\vec{D}_0^B$（x_k^{t+1}，

① 由于本书所提到的两期技术既包括 t 期技术，又包括 t＋1 期技术，所以 BM 指数与当期或序列 M 指数不相同，BM 指数以及技术进步指数无须取算术平均值或几何平均值。

y_k^{t+1})。

3. 两期 DEA 方法的优势

由于 M 指数一般采用两个当期 t 和 t+1 期的 Adjacent Malmquist（以下简称 CM）指数的几何平均形式，导致在测度混合期距离函数时可能会出现不可行性解的问题。我们采用两期 DEA 测度的 BM 指数无须取几何平均或者算术平均，能完全避免不可行性解的问题，充分利用研究样本数据。

虽然序列 DEA 测度的 Sequential Malmquist（以下简称 SM）指数可以在一定程度上避免不可行性解的问题，但它忽略了技术退步的情形。两期 DEA 的 BM 指数却考虑到了出现技术退步的情况，使得结果更加全面、准确。

Global Malmquist（以下简称 GM）指数虽然能克服不可行性解和循环性问题，但当新的时期加入到数据集时，该指数就需要被重新计算，因而它容易受到研究期限的影响，缺乏稳定性。两期 DEA 的 BM 指数还可以克服这个缺陷，当新的时期加入到数据集时，它不需要被重新计算而得到更加稳定的结果。

当然，尽管 BM 指数克服了 CM 指数、SM 指数和 GM 指数的很多缺陷，具有很大的优越性，但它仍然无法解决循环性或传递性问题。利用两期 DEA 方法测度 TEP 及其分解是较优的方法。

二、工业部门的技术结构及行业差异

1. 数据来源和变量定义

本书使用数据来自《中国统计年鉴》、《中国工业经济统计年鉴》以及《新中国五十五年统计资料汇编》等。自从 1980 年以来我国对工业的统计口径做了几次大的调整，在 1997 年以前统计年鉴仅报告乡及乡以上工业企业数据，1998 ~2007 年报告全部国有企业以及年收入在 500 万元以上的非国有企业数据，在 2007 年以后报告年收入在 500 万元以上规模的工业企业数据。另外在行业分类标准上，1994 年和 2002 年我国分别对《国民经济行业分类标准》（GB/4757）做了两次修订，使各个行业的分类口径在时间上也无法保持一致。本书采取了与陈诗一（2011）相同的行业合并、数据调整和行业统计口径调整原则，构造了 38 个两位数的工业分行业[①]投入产出的面板数据。模型中的产出使用的是不变价的工业增加值，资本投入使用了分行业的资本存量，这两个变量都进行了价格指数缩减以换算成 1980 年的可比价格。劳动投入则用各行业从业人员代替。

2. 工业行业 TFP 的历史变迁[②]

表 4 – 12 说明了中国工业改革整个期间和三个阶段[③]的工业整体 TFP 增长率（TFPC）及分解项。改革开放以来，中国工业的 TFP 整体呈现增长态势，指数平均值为 1.37，说明工业行业的平均增长率为 3.7%。同以往研究相比，李小平（2006）利用 DEA 的 M 指数方法对 1998 ~ 2003 年中国工业 TFP 的测算结果增长率为 7%。可能的原因是，本书选取的时间跨度较长，改革开放初期较低的增长率拉低了平均值。从不同阶段的 TFP 指数来看，TFP 增长率不断增长，中国工业整体技术水平呈现稳定增长态势。特别是 2002 ~ 2008 年，TFP 增长率达到 6.6%，说明 TFP 成为中国工业部门经济增长的重要动力，中国工业逐步摆脱主要依靠要素投入的粗放式增长方式，转变到主要依靠 TFP 提升的内生增长阶段[④]。

表 4 – 12　1980 ~ 2008 年中国工业行业总体的生产率指数及其分解

年份	EFFC	TEC	TFPC
1980 ~ 2008	1.012	1.026	1.037
1980 ~ 1992	1.059	0.960	1.014
1993 ~ 2001	0.997	1.025	1.021
2002 ~ 2008	0.937	1.137	1.066

① 38 个行业分别为煤炭采选业，石油开采业，黑色金属采选业，有色金属采选业，非金属矿采选业，木材采运业，农副加工业，食品制造业，饮料制造业，烟草加工业，纺织业业，服装业业，皮羽制品业，木材加工业，家具制造业，造纸业，印刷业，文体用品业，石油加工业，化学原料及制品业，医药制造业，化纤制造业，橡胶制品业，塑料制品业，非金属制品业，黑色金属加工业，有色金属加工业，金属制品业，通用设备制造业，专用设备制造业，交通设备制造业，电气机械制造业，计算机通信设备业，仪器仪表制造业，电力生产供应业，燃气生产供应业，水的生产供应业，其他工业。

② 各行业分年度的生产率变化、技术进步和技术变化数据见附 3。

③ 张军（2009）将中国工业改革划分为三个时期，1978 ~ 1992 年的试验期、1992 ~ 2001 年的国企改革期和 2001 年以来的反思和调整期。本书按三个阶段来考察生产率变化情况，1980 ~ 1992 年为第一阶段，1993 ~ 2001 年为第二阶段，2002 年至今为第三阶段。

④ 近年来，这一点得到国内不少学者的认同。2012 年新发布的世界银行报告《2030 年的中国：建设现代、和谐、有创造力的高收入社会》也肯定近年来 TFP 对中国工业经济增长的主要作用。

从技术进步指数（TEC）来看，整个改革阶段中工业整体的平均增长率为2.6%，对TFP增长的贡献率达70.3%，是中国工业TFP提高的主要源泉。这说明改革开放以来，中国工业的生产率提高主要是依靠技术的改进和创新。从各阶段的技术进步指数情况来看，TEC从1992年以来基本扭转了负的增长率（少数年份有波动），步入快速发展轨道。

技术效率指数（EFFC）在整个改革阶段的平均增长率为1.2%，对TFP提高的贡献远低于技术进步。进一步发现，EFFC的分解项规模经济效率指数（SC）小于纯技术效率（PC），PC对EFFC的变化起主要拉升的作用。另外，SC的分段数据显示，该指标从1999年以来呈现明显递减的趋势，在改革的第三阶段已超过规模效应临界点，进入规模报酬递减阶段[①]。这说明，我国工业技术快速进步的同时，行业或企业规模扩张中未能充分发挥规模经济效应，成为阻碍技术效率增长的主要原因。可能的原因是要素投入无法达到最优投入组合，如资源密集型行业缺乏熟练劳动力，技术密集型行业缺乏R&D资本。PC的平均水平大于1，但从2004年以来呈现逐步降低的态势。可能的原因是劳动力素质没有得到同步提高，越来越不适应新技术对劳动力素质的要求以及资产设备等资源没有结合劳动力得到充分利用。

3. 工业的技术结构及演变

我们通过比较不同要素密集型行业的生产率变化差异来分析中国工业的技术结构及变化。按照单位人均产出、单位资本产出以及R&D资金比例等指标将38个行业分为四大类[②]，即资源密集型、劳动密集

---

① 张军等（2009）、涂正革等（2005）、李胜文（2008）同样发现了规模报酬递减现象。

② 资源密集型为煤炭采选业、石油开采业、黑色金属采选业、有色金属采选业、非金属矿采选业、木材采运业业、电力生产供应业、燃气生产供应业、水的生产供应共9个行业；劳动密集型为农副加工业、食品制造业、饮料制造业、纺织业业、服装业业、皮羽制品业、木材加工业、家具制造业、造纸业、印刷业、文体用品业、橡胶制品业、塑料制品业、非金属制品业、金属制品业、其他工业共16个行业；资本密集型为烟草加工业、石油加工业、化学原料及制品业、医药制造业、化纤制造业、黑色金属加工业、有色金属加工共7个行业；技术密集型为电子及通信设备制造业、仪器仪表及文化办公用机械制造业、电气机械及器材制造业、交通运输设备制造业、普通机械制造业和专用设备制造业共6个行业。

型、资本密集型以及技术密集型[①]。

从四大类行业的生产率指数以及分解项的平均值（见表4－13）来看，行业属性与TFP提升的来源呈现错位现象。技术密集型行业虽然TFP增长率最高，但其TEC远低于资源密集型和资本密集型行业，其生产率增长来源主要来自技术效率特别是纯技术效率的改进。这说明我国的技术密集型行业的技术进步缓慢，尚未有效发挥提升工业技术结构的作用。具有典型规模经济性的资源开采业以及公共品生产供应业的TFP增长最慢，技术效率特别是规模效率的负增长拉低了整体生产率的变化，但其技术进步在四类行业中增长最快。石油加工业、黑色金属加工业和有色金属加工业等资本密集型行业的TFP增长率仅仅次于技术密集型行业，但技术效率增长率为负（主要由纯技术效率负增长引起）。以纺织业为代表的劳动密集型行业的TFP增长率为2.7%，低于资本密集型行业和技术密集型行业，并且其技术效率变化的贡献率远远大于技术进步。

表4－13　1981～2008年不同要素密集型行业的生产率指数及分解项

行业＼指数	EFFC	TEC	PC
资源密集型	0.970	1.058	1.009
劳动密集型	1.023	1.004	1.006
资本密集型	0.991	1.049	0.987
技术密集型	1.068	1.013	1.047

从四大类行业历年的技术效率和技术进步指数来看（见图4－11和图4－12），四组行业的技术效率变化率整体呈现下降趋势，而技术进步增长整体得到改善。同时，四组行业之间技术进步变化的差异呈现收敛并共同提高的趋势，这在一定程度上说明中国工业改革过程中存在技术进步变化的酵母过程（Yeast Process）。

① 根据《2000年全国R&D资源清查工业资料汇编》的有关数据，将R&D强度最高（R&D经费内部支出和外部支出占产值、增加值和销售收入等6项指标都高于工业平均水平）的6个行业划入技术密集型行业。

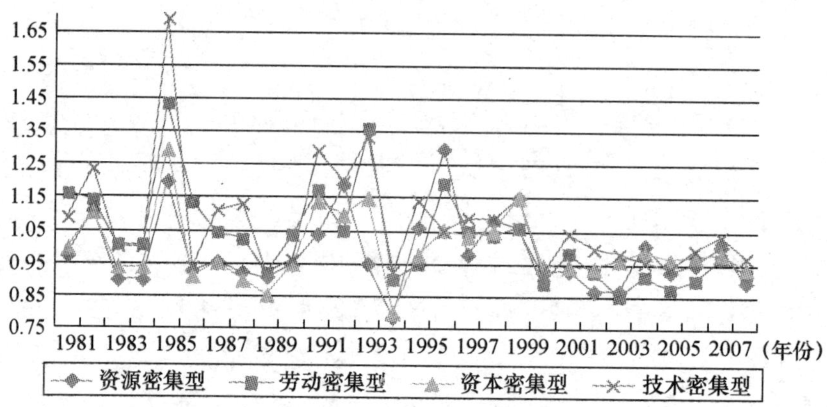

图 4-11 四大类行业历年的技术效率变化指数

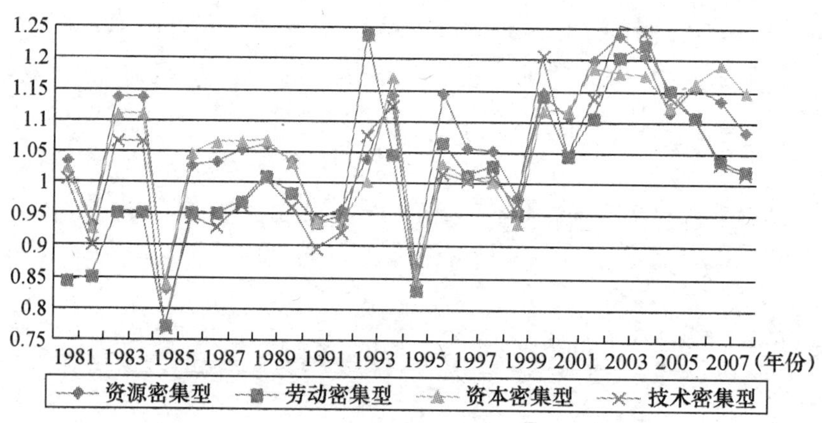

图 4-12 四大类行业历年的技术进步变化指数

三、FDI 与工业部门 TFP 的相关关系

为考察 FDI 进入与中国工业部门 TFP 变化的相关关系，我们建立一个简单的计量模型来进行分析。

$\ln T_{it} = \gamma_0 + \gamma_1 FDI_{jt} + \varepsilon_{it}$

因变量 lnT 分别为 TFP 指数、技术变化指数以及技术进步指数的对数，数据为前述利用两期 DEA 的测算值。数据年限为 2002 ~ 2008 年。考虑到 2002 年行业的调整和对应问题，我们剔除“木材采运业”、“废弃资源和废旧材料回收加工业”、“工艺品和其他制造业” 3 个行业，选取35个行业作为研究样本。解释变量FDI采用各工业行业中外资企业产值占行业总产值比重来衡量。从2002～2008年平均数据来看，行业中间的FDI进入情况差异较大，比重最高的几个行业是计算机通信设备制造业（80.75%）、仪器仪表制造业（64.15%）、文体用品（59.18%）、皮羽制品业（51.64%）、家具制造业（50.04%）以及电气机械制造业，比重最低的是烟草加工业（0.31%）以及采掘业、公共产品供应业。制造业的平均FDI产值比重达到33.66%，FDI进入比重高的行业集中在技术密集型和劳动密集型行业。

在选择回归模型时，我们利用Hausman模型对双向固定效应模型和随机效应模型进行了检验。利用Lrtest检验了时间效应是否显著。从表4－14的结果来看，FDI对我国工业部门总体上存在生产率的溢出效应，主要表现在对工业部门的技术进步存在明显的促进作用，对工业部门的技术效率提升作用则不明显。从表4－14～表4－17的结果来看，FDI对劳动密集型行业以及技术密集型行业的生产率提升和技术进步的影响显著为正，存在明显的技术溢出效应；对资本密集型行业和资源密集型行业的作用不明显；FDI对四种类型行业的生产效率变化的影响都不显著。

表4－14　FDI对TFP及分解项的影响

	lnTFP	lnEFFECT	lnTECH
lnFDI	0.039*	0.015	0.026*
	(0.023)	(0.022)	(0.015)
Cons	27.311***	－11.464**	38.777***
	(5.319)	(5.284)	(3.574)
N	252	252	252
R^2_ W	0.110	0.028	0.356
F	13.248	3.096	59.062
模型	双向FE	双向FE	双向FE

注：*、**、***分别表示系数在10%、5%、1%水平上显著；括号内是标准误；估计式包括了企业和年度固定效应。

表 4-15 FDI 对四种类型行业 TFP 变化的影响估计结果

	资源密集型 lnTFP	劳动密集型 lnTFP	资本密集型 lnTFP	技术密集型 lnTFP
lnFDI	0.009 (0.046)	0.246*** (0.075)	0.038 (0.041)	0.293* (0.148)
Cons	14.344 (20.155)	24.566*** (5.619)	4.085 (9.273)	68.669*** (12.562)
N	56	105	49	42
R^2_W	0.012	0.325	0.023	0.476
F	0.278	21.159	0.474	15.442
模型	双向 FE	双向 FE	双向 FE	双向 FE

注：*、**、*** 分别表示系数在 10%、5%、1% 水平上显著；括号内是标准误；估计式包括了企业和年度固定效应。

表 4-16 FDI 对四种类型行业技术效率变化的影响估计结果

	资源密集型	劳动密集型	资本密集型	技术密集型
lnFDI	0.012 (0.044)	-0.099 (0.101)	0.027 (0.037)	-0.079 (0.127)
Cons	-21.047 (19.081)	-12.089 (7.581)	-0.515 (8.386)	-8.449 (10.796)
N	56	105	49	42
R^2_W	0.047	0.052	0.014	0.019
F	1.146	2.408	0.274	0.336
模型	双向 FE	双向 FE	双向 FE	双向 FE

注：*、**、*** 分别表示系数在 10%、5%、1% 水平上显著；括号内是标准误；估计式包括了企业和年度固定效应。

FDI 对不同行业的 TFP、技术效率以及技术进步的影响存在显著差异。FDI 对劳动密集型行业和技术密集型行业的技术进步具有明显促进作用，主要原因在于 FDI 进入竞争程度较高的行业，FDI 竞争效应和示范效应的存在给本土企业带来正面影响，促进本土企业技术提升和生产率提高。FDI 对资源密集型行业和资本密集型行业的生产率提升作用不明显，一方面源于竞争不激烈，缺乏技术进步动力，本土企业对 FDI 外溢知识吸收有限；另一方面在于本土企业对外资企业长期形成的技术依赖。

表 4-17 FDI 对四种类型行业技术进步的影响估计结果

	资源密集型	劳动密集型	资本密集型	技术密集型
lnFDI	-0.003 (0.018)	0.345*** (0.075)	0.011 (0.017)	0.372*** (0.100)
Cons	35.386*** (7.764)	36.654*** (5.634)	4.603 (3.854)	77.126*** (8.527)
N	56	105	49	42
R^2_W	0.400	0.503	0.038	0.710
F	15.317	44.526	0.791	41.530
模型	双向 FE	双向 FE	双向 FE	双向 FE

注：*、**、*** 分别表示系数在 10%、5%、1% 水平上显著；括号内是标准误；估计式包括了企业和年度固定效应。

第四节 FDI 技术溢出的条件

本土企业和外资企业之间生产率的差异是技术溢出发生的前提条件。本节我们对本土企业和外资企业的 TFP 进行测算和比较。利用由 Levinsohn 和 Petrin（2003）完善的半参数估计方法测算样本企业的 TFP，并和传统的 OLS 方法、FE 方法测算结果进行统计分析和比较分析。统计描述性分析将重点考察本土企业和外资企业的 TFP 的差距及变化趋势，并从企业的出口比例、所有权性质等维度进行分组比较。

一、基于 Levinsohn 和 Petrin 半参数方法测算

1. 生产率估计方法介绍

对 FDI 溢出效应的考察首先涉及对微观企业 TFP[①] 的测算。对生产率的估计一直是经济学家研究的热点问题，也是进行实证研究的基

① 利用 TFP 作为企业生产率的测度指标无疑是具有竞争力的。

础。生产率通常被解释为总产出中不能由要素投入所解释的“剩余”。这个剩余一般被称为TFP，它反映了生产率作为一个经济概念的本质（Massimo等，2008）。在估计TFP时，通常需要设定生产函数的形式。Cobb - Douglas生产函数（简称C - D生产函数）由于其结构简单易用、具有对于规模经济的设定等优点，成为最为常用的函数形式。表4 - 18列出了TFP估计的主要方法。宏观方法关注总量（国家/地区/产业）生产率，而微观方法则是针对企业的考量。在选择估计方法时，应注意有些方法并不适合微观研究，有些方法不适合宏观研究。由于企业的技术水平在某种程度上是可以事前认知的，企业根据已知的技术水平再选择合适的要素投入水平。这就使得很多适用于宏观生产率研究的方法，如增长核算法、参数回归等方法并不适用于微观企业生产率研究（鲁晓东，2012）。

表4 - 18　TFP估计方法分类

	确定性方法	计量方法	
		参数法	半参数法
前沿分析	DEA（数据包络分析） FDH方法	SFA（随机前沿分析） （宏观—微观）	OP方法、LP方法 （微观）
非前沿分析	增长核算法（宏观）	增长率回归法（宏观）	代理变量法（微观）

资料来源：作者在Massimo等（2008）的基础上整理。

2. Levinsohn和Petrin半参数方法介绍

随着研究的不断发展，忽视无法观测的重要投入变量的问题引发了学者们的注意。Marschak和Andrews（1944）在其研究中最先提到在估计生产函数各投入要素参数时，由于不可观测的企业生产率变动会引发投入水平的变化，如具有正向生产率冲击的企业会增加投入。普通最小二乘法（OLS）对不可观测的生产率冲击和投入水平之间的关系估计不足，将会产生不可避免的计量技术问题，即同时性偏差（Simultaneity Bias）和样本选择性偏差（Selectivity and Attrition Bias），

其中最为突出就是生产决策的同时性（Simultaneity）问题[①]。因此，估计方法不恰当会使结果有误，直接影响研究的结论。此后，学者们开始选用固定效应模型，由于它要求生产率的冲击在时间上具有固定性，因此也并非最好的方法。工具变量方法是另一种解决方法，但是有效的工具变量需要与企业投入水平相关，并且独立于生产率的变动，这造成了在大多数情况下难以找到真正有效的工具变量，工具变量方法因此失效。

Olley 和 Pakes（1996）针对这种情况，创造了一个新的方法，他们利用投资变量来控制投入水平和不可观测的企业生产率变动之间的关系，提出了以下投资函数，如式（4-9）所示：

$$i_t = i_t(w_t, k_t) \tag{4-9}$$

式中，i 代表投资水平，w 代表不可观测的企业生产率的变动，k 代表资本投入。

Olley 和 Pakes（1996）利用这个投资函数作为生产率变动的代理变量，很多情况下成功解决了在没有工具变量时生产率调整的内生性问题，并得到了广泛应用[②]。但 Levinsohn 和 Petrin（2003）指出，Olley-Pakes 方法（简称 OP 方法）在以下两种情况会出现失效：其一，生产率冲击影响投入水平的传导过程可能具有可预测的部分和不可预测的部分，即企业生产率的变动可以分为可预测到的变动和无法预测的变动。OP 方法可以调整不可预测的生产率变动的冲击，但对于可预测部分，投资将不受影响，因此失效。其二，对于非传导过程而言，每期生产率的冲击都会提高生产力，因此预测将不会出现变化，尽管投入变量会受到影响，但是投资不能有效代表生产率的冲击部分，进而得不到无偏一致的估计参数。

基于以上情况，Levinsohn 和 Petrin（2003）在 Olley 和 Pakes（1996）的基础上进行改进，提出了 Levinsohn 和 Petrin 方法（简称 LP

---

① 参见鲁晓东等（2012），该论文对企业生产率的估计方法适用性进行了较详细的说明。

② Olley 和 Pakes（1996）的方法综合了参数方法和非参数方法的优点，具有明显的优点。一是它把投资作为不可观测冲击的代理变量，利用半参数估计方法来估计企业的生产率，在很大程度上减轻了要素投入的内生性问题；二是它能有效解决企业进入还是退出市场的自主决策问题，回避由于利用生产函数估计 TFP 带来的样本选择性偏误问题。

方法)。他们在研究论文中证明：中间投入作为代理变量也可以解决企业生产率内生性问题，而且使用中间投入变量比投资变量更具有优势。这种优势表现在以下三个方面：第一，投资只能反映不可预测的生产率的变动，而中间投入可以对整个时期的生产率变化作出反应；第二，中间投入变量不是一个典型的状态变量，它可以通过建立估计策略和经济理论的关系，来保证自身是生产率变动的有效代表变量；第三，OP 方法只能选择投资非零的样本，这将造成选择偏差，而由于中间投入一般都为正，因此 LP 方法的样本基本没有投资限制，无样本选择造成的偏差。

LP 方法是一种半参数方法，它把企业变化趋势较稳定的劳动投入作为参数部分，把变化趋势不规则的资本投入作为非参数部分，建立投入要素与生产率的半参数模型。即融合了 OP 方法的思想精髓，又具有 OP 方法所不具备的优势。目前，LP 方法在国内还未被广泛应用，但在生产函数投入系数参数估计的众多方法中具有较强的竞争性，将会在未来研究中占据重要地位。

LP 方法估计生产函数的投入系数具有三个基本假设：第一，单调性假设，资本、中间投入是不可预测的生产率变动的单调增函数；第二，竞争性假设，市场环境是竞争性的；第三，中间投入与生产技术具有独立性。在这些假设的基础上，Levinsohn 和 Petrin 利用中间投入作为不可预测的企业生产率变动的代理变量，纠正生产函数中投入系数的估计偏差。根据 Levinsohn 和 Petrin（2003）的推理，把变化趋势较稳定的劳动投入作为参数部分，把变化趋势不规则的企业资本投入作为非参数部分，建立半参数模型来刻画投入要素与生产率的函数关系，如式（4-10）所示：

$$y_{it} = \beta_l l_{it} + \omega_{it}(m_{it}, k_{it}) + \eta_{it} \quad (4-10)$$

式中，y_{it}、l_{it}、k_{it}、m_{it}分别是企业在 t 时期的增加值、劳动、资本和中间投入的对数形式，ω_{it}代表不可预测的生产率冲击的影响，η_{it}是一个独立同分布的残差项。模型假设中间投入 m_{it}是企业生产率冲击 ω_{it}和资本投入 k_{it}的函数，即 $m_{it} = m_{it}$（ω_{it}，k_{it}）。企业生产率冲击 ω_{it}可以表示成中间投入 m_{it}和资本投入 k_{it}的函数，即 $\omega_{it} = \omega_{it}$（$m_{it}$，$k_{it}$）。这种方法在第一阶段估计在 t 时刻，投入分别为 m_{it}和 k_{it}时的 y_{it}和 l_{it}的期望，

因此对式（4-10）进行估计可得到劳动投入系数 β_l。

在第二阶段，假设生产函数遵循一阶马尔科夫过程，即 $\omega_{it} = E[\omega_{it} | \omega_{it-1}] + \xi_{it}$。其中，$\xi_{it}$表示生产率冲击，它与资本投入和劳动投入都无关。这时，定义 y_{it}^* 是产出和劳动贡献的差额，如式（4-11）所示：

$$y_{it}^* = y_{it} - \beta_l l_{it} = \beta_0 + \beta_k k_{it} + \beta_m m_{it} + E[\omega_{it} | \omega_{it-1}] + \eta_{it}^* \quad (4-11)$$

式中，$\eta_{it}^* = \xi_{it} + \eta_{it}$，由式（4-11）可以估计系数 β_k 和 β_m。

第三阶段是具体测算企业TFP。我们利用Stata软件先估计投入系数，继而计算企业的TFP值（简称LP方法）。如式（4-12）所示：

$$\ln TFP_{it} = y_{it} - \beta_k k_{it} - \beta_l l_{it} \quad (4-12)$$

二、内外资企业TFP的比较

1. 估计系数比较

根据Levinsohn和Petrin的理论推导，在大多数情况下利用普通最小二乘法（OLS）和固定效应模型（FE）方法将会低估资本的作用，经LP方法纠正的劳动投入系数会下降，资本投入系数会提高。

考虑行业间技术水平的差异，本书利用LP方法分别对中国工业企业数据库中30个二位数制造业行业的资本和劳动投入弹性系数进行了分别估计[①]。与Petrin、Poi和Levinsohn（2004）以及Biesebroeck（2008）的验证结果一致，我们的估计结果（见表4-19）显示：、30个行业中，只有6个行业（这些行业具有典型劳动密集型特征）的劳动投入系数大于资本投入系数。相比较，利用OLS方法估计的结果是所有行业的劳动投入系数均远大于资本投入系数。相比传统的C-D生产函数方法和固定效应模型方法，经LP方法纠正后的资本投入弹性系数值提高，劳动投入的弹性系数值则下降。这是因为使用LP方法较好地解决了由样本选择偏差带来的选择性偏误问题和样本数据相互决定偏差（Simultaneity Bias）带来的内生性问题。

① 国内大多数研究是在总体数据层面上估计要素投入弹性系数，这样的结果会带来较大的误差。

表 4-19 2001~2007 年 30 个中国制造业劳动投入和资本投入估计系数

行业代码	行业名称	LP 估计		FE 估计	
		logL	logk	logL	logk
13	农副食品加工业	0.1499	0.2140	0.4935	0.1855
14	食品制造业	0.1101	0.2238	0.5095	0.2027
15	饮料制造业	0.1521	0.1663	0.4606	0.1759
16	烟草制品业	0.1054	0.2661	0.2572	0.2120
17	纺织业	0.1991	0.2123	0.5156	0.2028
18	纺织服装、鞋、帽制造业	0.2501	0.1388	0.5260	0.1453
19	皮革、毛皮、羽毛（绒）及其制品业	0.2007	0.1700	0.5870	0.1641
20	木材加工及木、竹、藤、棕、草制品业	0.1651	0.1855	0.4884	0.1973
21	家具制造业*	0.1591	0.1379	0.6338	0.1836
22	造纸及纸制品业	0.1740	0.1776	0.5333	0.1814
23	印刷业和记录媒介的复制	0.1952	0.1656	0.4663	0.1767
24	文教体育用品制造业	0.2338	0.1233	0.5356	0.1473
25	石油加工、炼焦及核燃料加工业	0.1721	0.3042	0.6163	0.2089
26	化学原料及化学制品制造业	0.1342	0.2442	0.5052	0.1960
27	医药制造业	0.1391	0.2100	0.5929	0.2287
28	化学纤维制造业	0.1727	0.1874	0.5674	0.2583
29	橡胶制品业	0.1239	0.1743	0.5411	0.2030
30	塑料制品业	0.1897	0.1805	0.5330	0.1686
31	非金属矿物制品业	0.1294	0.2040	0.4945	0.1674
32	黑色金属冶炼及压延加工业	0.2066	0.2528	0.6866	0.1981
33	有色金属冶炼及压延加工业	0.1994	0.2389	0.5888	0.1802
34	金属制品业	0.1757	0.1984	0.5233	0.1816
35	通用设备制造业	0.1406	0.2013	0.5623	0.2096
36	专用设备制造业*	0.1070	0.2013	0.5270	0.2158
37	交通运输设备制造业	0.1563	0.2394	0.6418	0.2083
39	电气机械及器材制造业	0.1607	0.2031	0.6076	0.1836
40	通信设备、计算机及其他电子设备制造业	0.1804	0.2708	0.6974	0.1931
41	仪器仪表及文化、办公用机械制造业	0.1379	0.1505	0.5818	0.1432
42	工艺品及其他制造业	0.2303	0.1202	0.4815	0.1492
43	废弃资源和废旧材料回收加工业*	0.2019	0.3049	0.4764	0.1980

注：* 表示相应行业的估计系数采用 RE 随机效应模型估计。

为进一步考察细分行业的差异性，本书利用 OLS、FE 以及 LP 三种方法分别估计出中国工业企业数据库 67 个三位数行业的资本劳动系数（β_k/β_l），并进行对比（见表 4-20）。结果显示，有 56 个行业的资本劳动系数比得到提高；LP 方法计算得到的行业整体的资产劳动投入系数比为0.6789，OLS和FE方法的系数比值仅为0.5154和0.2676。这说明LP半参数估计方法有效纠正了系数偏误问题。

表4－20　三种方法计算的资本劳动系数比（β_k/β_l）

行业代码	LP	FE	OLS	行业代码	LP	FE	OLS
131	-0.0490	0.1988	0.7107	301	0.7602	0.3024	0.5802
132	0.6639	0.2818	0.3023	311	0.5644	0.1401	0.2444
133	0.9445	0.0570	0.8347	314	0.8081	0.2820	0.4190
134	0.1766	0.3762	0.2681	315	1.0893	0.2054	0.3631
135	0.2134	0.1220	0.1871	316	1.4584	0.0653	0.2988
136	0.6693	0.0844	0.1198	319	0.7314	0.2707	0.2618
137	1.1942	0.3401	0.5013	321	3.7093	55.0658	0.4061
151	0.9180	0.2095	0.3622	322	-0.0286	-3.2207	0.3964
153	0.4149	0.1657	0.3310	323	1.7030	0.2024	0.6049
160	3.4071	5.6255	0.5253	324	0.0717	-0.0308	0.3905
171	1.0536	0.4314	0.2926	331	0.9111	0.2249	0.2570
172	0.5043	0.0650	0.3152	335	1.2539	0.4187	0.3995
173	3.1201	0.7330	0.5205	341	0.7361	0.2953	0.4632
175	0.9588	0.1537	0.3530	351	0.2111	0.2945	0.1491
176	0.4360	0.3669	0.3577	352	0.2349	0.4896	0.3488
181	0.4212	0.2621	0.2620	353	0.7594	0.3135	0.3026
191	0.4144	0.2523	0.3022	361	0.5593	0.1963	0.3633
201	0.8025	0.2895	0.3531	367	6.1888	0.8050	0.1341
211	0.8629	0.2448	0.2927	371	0.7654	-0.0702	0.2750
221	0.6671	0.3131	0.4495	372	0.6533	0.2652	0.4100
231	0.2729	0.2455	0.3993	375	0.5006	0.1978	0.1511
241	0.3404	0.3045	0.3411	391	0.8341	0.3731	0.6254
251	1.0882	0.5320	0.8585	392	0.6390	0.2846	0.3798
252	1.7499	0.4057	0.9126	395	1.3296	0.3460	0.2720
261	3.1370	0.5934	1.0372	401	0.6462	0.1476	0.5267
262	-1.3779	0.3006	0.7689	402	0.4101	0.2551	0.4829
263	-0.7982	0.0800	-0.0167	404	0.8273	0.2707	0.4623
264	1.0849	0.3776	0.4179	405	0.7661	0.1454	0.4601
265	1.6707	0.3605	0.7394	407	0.6664	0.2778	0.2498
266	1.6790	0.4233	0.7124	411	0.4621	0.1086	0.3999
267	1.3305	0.3050	0.5701	415	0.7449	0.1766	0.3207
271	0.6961	0.3705	0.3589	421	0.4581	0.3009	0.2846
281	2.8271	0.1423	0.4067	431	0.8703	0.1873	0.5585
291	0.4505	0.1765	0.3185	全部	0.6789	0.2676	0.5154

注：作者根据广东省工业企业数据测算。三位数行业代码对应的行业名称见附1。

2. 内外资企业 TFP 的比较

表 4 - 21 显示利用 LP 方法测算的中国制造业企业 TFP 对数值。从企业总体平均水平来看，全部企业高于本土企业，即外资企业生产率水平高于本土企业。对外资、私营和国有三种所有制企业 TFP 的测算值来看，外资企业生产率水平最高，其次为私营企业，国有企业居后。并且私营企业的 lnTFP 高于本土企业，说明私营企业在本土企业中存在一定的生产率优势。从各种所有制企业 lnTFP 的变化趋势来看，本土企业和外资企业、国有企业和私营企业均实现了逐年提升（2004 年例外）。值得注意的是，私营企业在 2004 ~ 2007 年的 TFP 对数值虽仍高于国有企业，但低于本土企业。其中的原因值得进一步考察。表 4 - 21 显示出口强度大的外资企业（从 2002 年开始）TFP 均小于出口强度小的外资企业，而本土企业的情况刚好相反，出口强度大的企业占据生产率优势。

表 4 - 21　2001 ~ 2007 年分所有制类型的制造业企业 lnTFP 比较

		全部企业	本土企业	国有企业	私营企业	外资企业
2001 ~ 2007 年平均	样本数	1529771	1216196	108120	699342	313575
	均值	5. 058	5. 004	4. 469	5. 036	5. 269
	标准差	1. 165	1. 146	1. 561	1. 044	1. 211
2001 年	样本数	145956	116888	24851	45431	29068
	均值	4. 466	4. 404	3. 863	4. 529	4. 716
	标准差	1. 093	1. 091	1. 369	0. 907	1. 064
2002 年	样本数	155295	123882	21119	58155	31413
	均值	4. 594	4. 537	4. 026	4. 619	4. 817
	标准差	1. 075	1. 068	1. 381	0. 910	1. 073
2003 年	样本数	172313	136695	17177	72803	35618
	均值	4. 732	4. 683	4. 215	4. 727	4. 919
	标准差	1. 047	1. 036	1. 409	0. 913	1. 068
2004 年	样本数	237070	186794	14740	112677	50276
	均值	6. 105	6. 013	5. 791	5. 965	6. 448
	标准差	1. 137	1. 108	1. 666	0. 988	1. 177

续表

		全部企业	本土企业	国有企业	私营企业	外资企业
2005年	样本数	242995	190887	12448	118077	52108
	均值	4.892	4.850	4.571	4.831	5.045
	标准差	1.022	1.006	1.404	0.934	1.066
2006年	样本数	270985	215257	10634	137217	55728
	均值	5.001	4.954	4.771	4.933	5.181
	标准差	1.021	1.006	1.419	0.951	1.056
2007年	样本数	305157	245793	7151	154982	59364
	均值	5.132	5.099	5.148	5.057	5.267
	标准差	1.020	1.007	1.256	0.972	1.059

资料来源：作者测算。

技术差距的存在是技术溢出发生的前提条件，外资企业相对本土企业具有一定的技术优势是产生FDI溢出效应的前提。我们继续从TFP变化趋势来看本土企业与外资企业的生产率差距及其变化情况。从表4－21和表4－22可知，本土企业从2001年的4.404增加到2007年的5.099，表明本土企业生产率水平得到了明显提高。对比其与外资企业的生产率差距，2007年相比2001年差距显著缩小。这说明本土企业与外资企业的技术差距存在收敛的趋势，本土企业表现出较强的技术赶超效应。进一步分析发现，本土企业中出口强度小的表现出较快的技术进步率。

表4－22　不同出口强度的本土企业和外资企业lnTFP比较

年份	外资企业			本土企业		
	平均	出口强度大	出口强度小	平均	出口强度大	出口强度小
2001	4.716	4.683	4.743	4.404	4.570	4.386
2002	4.817	4.802	4.829	4.537	4.670	4.521
2003	4.919	4.865	4.963	4.683	4.787	4.670
2004	6.448	—	—	6.013	—	—
2005	5.045	4.981	5.096	4.850	4.887	4.846
2006	5.181	5.118	5.230	4.954	4.961	4.954
2007	5.267	5.188	5.326	5.099	5.060	5.103

注：我们把出口额占销售额比重大于50%的定义为出口强度大的企业。

资料来源：作者测算。

第五节 本章小结

首先，根据对中国引入 FDI 的情况分析，我们得到以下结论：第一，目前进入中国的 FDI 从流量来看呈现平稳增长态势，从行业分布来看主要进入工业行业，但第三产业所占比重在近年来有较明显上升。第二，进入中国的 FDI 在区域分布上呈现不均衡分布状况，以东部地区占绝对优势，近年来中西部地区所占比重有明显上升。第三，从来源地结构来看，FDI 主要依赖亚洲地区尤其是香港地区的投资，来自美国和欧洲地区的投资比重较低且有一定波动。第四，从外商投资工业企业发展状况来看，外资工业企业在资本和人力投入以及产出方面的比重有先增强（2005 年前）后减弱的趋势，目前占工业整体的 1/4。第五，从行业地位来看，外资工业企业在大多数工业行业中的主导地位有加强到减弱的趋势，在文教体育用品制造业以及电子信息行业两个行业产值比重中仍维持绝对地位。第六，FDI 进入方式逐渐从合资经营转向独资经营，独资化倾向更加明显，且以规模较小的外资企业为主。第七，从来源地来看，外资企业以港澳台地区企业为主，来自非港澳台地区的外资企业在工业经济中的地位有所加强。第八，从市场导向、劳动密集度和行业分布来看，出口比重大于 50% 的行业明显下降，最大的 500 家外资企业国内市场导向型企业数目明显增加，外资企业逐渐将市场重点转向国内市场。第九，从出口导向型外资企业的就业密集度来看，高出口导向型企业主要为劳动密集型企业。文教体育用品制造业、通信设备计算机制造业、家具制造业、仪器仪表及办公制造业四个行业的外资企业可能以出口导向型为主。

其次，根据对广东省引入 FDI 的情况分析，我们发现进入广东省的 FDI 以及广东省外资工业企业的发展状况与全国平均水平有许多相同特征，主要表现在以下几个方面：进入广东省的 FDI 呈现增速平稳的态势；FDI 主要进入工业行业，第三产业所占比重在近年来有较明显上升；FDI 在区域分布上同样呈现不均衡分布状况，且珠三角地区吸引外资比重还在逐步增强；FDI 同样主要依赖亚洲地区尤其是香港地区的投资；FDI 的进入方式也逐渐从合资经营转向独资经营；来自港澳台地区的外资企业在工业经济中的地位不断弱化，来自非港澳台地区的外资企业在工业经济中的地位有加强到减弱的趋势等。但广东省作为国内各省份中引资历史最长、总量最大的区域，表现出以下不同于全国平均水平的特征：从外资企业地位来看，广东省外资工业企业无论是投入还是产出方面在广东省工业经济中占绝对比重，这种优势地位明显高于全国平均水平；从行业分布来看，外资工业企业在广东省大多数工业行业中的主导地位有加强到减弱的趋势；从外资企业出口比重来看，广东省外资工业企业的产品更多地用于出口，1/3 的工业行业表现为出口导向型的特征。

再次，改革开放以来（1980～2008 年），中国工业的 TFP 整体呈现增长态势，技术进步起着主要作用。要素密集度不同的行业，TFP、技术进步和技术效率的变化存在明显差异，中国工业部门存在显著差异的技术结构。FDI 主要进入制造业中的劳动密集型行业以及技术密集型行业。整体上，FDI 对中国工业部门的 TFP 以及技术进步存在显著的溢出效应（2002～2008 年），并且溢出效应主要集中在劳动密集型行业以及技术密集型行业，对资源密集型行业以及资本密集型行业的作用不明显，FDI 对工业部门的技术效率作用不明显。

最后，经 LP 方法纠正后测算的资本投入弹性系数值提高，劳动投入的弹性系数值下降，这较好地解决了由样本选择性偏误问题和样本数据相互决定偏差带来的内生性问题。测算结果显示，外资企业生产率水平高于本土企业，其次为私营企业，国有企业居后。技术差距的存在是技术溢出发生的前提条件，外资企业相对本土企业具有一定的技术优势是产生 FDI 溢出效应的前提。并且，全部本土企业、国有企业和私营企业在 FDI 进入过程中实现了逐年提升。出口企业的 TFP 也得到了提升，但出口强度大的外资企业（从 2002 年开始）TFP 均小于出口强度小的外资企业，本土企业则是出口强度大的企业生产率优势明显。

第五章　基于全国制造业企业面板数据的计量分析

本章重点考察 FDI 通过后向关联渠道对本土企业生产率产生的影响。采用 2001～2007 年中国制造业企业大样本面板数据进行计量检验，提供识别 FDI 溢出效应的微观基础；将 FDI 的水平溢出效应和垂直溢出效应纳入统一框架进行综合分析，并重点分析后向关联渠道的溢出效应；在模型中加入外资、国有和私有股权比重等控制变量，同时将样本分为国有企业、私营企业和外资企业分别进行检验，考察企业股权结构和所有制类型等特征对 FDI 技术溢出吸收效果的影响。

第一节　FDI 溢出效应和溢出途径的计量检验

一、模型、变量和数据

1. 模型设定

借鉴 Aitken 和 Harrison（1999）、Javorcik（2004）、Liu（2008）等的研究思路，我们建立基本的估计模型如式（5－1）所示：

$$\ln TFP_{ijt} = \gamma_0 + \gamma_1 HS_{jt} + \gamma_2 BS_{jt} + \gamma_3 FS_{jt} + \alpha_i + \varepsilon_{it} \tag{5-1}$$

在式（5－1）中，i、j、t 分别表示企业、行业、时间，γ_0 代表截距项，α_i 表示不可预测的企业固定效应，ε_{it}代表误差项。

2. 变量定义

被解释变量 $\ln TFP_{ijt}$ 为 j 行业内的 i 企业在 t 年的全要素生产率的对数。HS_{jt} 为 j 行业内的 FDI 水平溢出效应，以全部外资企业总产值（或从业人员）之和占全行业总产值（或从业人员）的比重①来表示，即 $HS_{jt} = \frac{\sum_{i \in j} FR_{it}}{\sum_{i \in j} Y_{it}}$。其中，$FR_{it}$ 指 j 行业中的外资企业 i 在 t 时期的产出（或从业人员），Y_{it} 是指 j 行业中的企业 i 在 t 时期的产出（或从业人员）。HS1 和 HS2 分别对应采用产值指标和人员指标的变量。FS_{jt} 为 FDI 的前向关联效应，由行业 m 的投入品中所有上游行业 j 中外资企业所提供的份额表示，即 $FS_{jt} = \sum_{m \neq j} \delta_{jm} HS_{mt}$。式中，$\delta_{jm}$ 是投入部门 j 的产品（货物或服务）提供给产出部门 m 中间使用的数量比例。该参数从投入产出表中的直接消耗系数表获得②。BS_{jt} 为 FDI 的后向关联效应，由行业 i 的中间投入占所有下游行业 j 中外资企业产出的份额表示，即 $BS_{jt} = \sum_{k \neq j} \theta_{jk} HS_{kt}$。式中，$\theta_{jk}$ 是投入部门 k 的产品（货物或服务）提供给产出部门 j 中间使用的数量比例。该参数也可以从投入产出表中的直接消耗系数表获得。FDI 溢出效应的发生可能会经过一段时间后体现，考虑到这种滞后性，本书在回归模型中加入水平溢出和前后向关联溢出变量的一阶滞后项：HS_{jt}（-1）、BS_{jt}（-1）、FS_{jt}（-1）。另外，我们在模型中加入反映企业外商资本、国有资本以及私营资本股权比重的 FOR_{it}、SOR_{it}、POR_{it} 等控制变量，加入包括了企业所在行业（j）和年度（t）的哑变量 $Dum1_j$、$Dum2_t$，如式（5-2）所示：

$$\ln TFP_{ijt} = \gamma_0 + \gamma_1 HS_{jt}(-1) + \gamma_2 BS_{jt}(-1) + \gamma_3 FS_{jt}(-1) + \gamma_4 FOR_{jt} + \gamma_5 SOR_{jt} + \gamma_6 POR_{jt} + \gamma_7 Dum1_j + \gamma_8 Dum2_t + \alpha_i + \varepsilon_{it} \quad (5-2)$$

3. 数据来源和处理

本书采用的样本数据来自由中国统计局整理的中国工业企业数据库（2001~2007 年）。该数据库涵盖了中国各工业行业年销售额 500

① 大多数研究采用单一指标（通常采用产值指标）只测度了水平方向的竞争示范效应，忽视了外资与本土企业之间的人员流动现象。本书利用产值和人员比重指标分别考察竞争示范效应和人员流动效应。

② 由于我们无法获得反映企业层面的垂直联系数据，本书使用企业所在行业的产业联系来替代。

万元以上的大中型工业企业，包括的样本企业数目在17万~33万家不等，占中国工业总产值的95%左右，涉及工业总产值、工业销售产值、工业中间投入、工业增加值、职工人数、资产总计等80~130个重要指标。

考虑到FDI主要分布在国内的制造业，本书选取样本中的制造业企业作为研究对象。由于部分企业数据存在如企业代码错误、数据异常、缺失和不完整等现象，笔者对数据库进行了筛选和整理，一是删除了总产值、增加值、固定资产、从业人员数为0的记录；二是剔除了规模较小的企业，选取企业职工人数大于或等于8的企业[①]，并对每个企业赋予唯一的数字代码，得到了包含数据起止年限为7年、样本量为1580563、数据类型为非平衡面板的数据集合。

在分析FDI技术溢出情况时，应将外资企业数据剔除，这样不至于高估FDI对本土企业技术进步的推动作用，也能对FDI的作用给出正确的评价。所以，本书的数据集拆分为本土企业和外资企业两部分。我们把外资企业定义为企业股权结构中外资（含港澳台地区）比重大于或等于25%的企业。全部企业中除去外资企业部分为本土企业。为了便于对本土企业进行差异化研究，本书将国有企业和私营企业数据单列，通过分类检验来考察企业异质性的影响。国有企业和私营企业分别定义为国家资本金和个人资本金占企业实收资本比重大于50%的企业。由于自2003年起国民经济行业分类标准进行了调整，我们根据国家颁布的分类标准（GB/T 4752－2002）对2001年和2002年的企业所在行业代码进行了相应调整。为了与投入产出表进行对应，本书使用两位行业代码定义行业，根据新的行业标准将数据归入30个制造业部门。测算企业TFP时，总产出由工业增加值表示[②]。为消除价格指数的影响，利用各省份历年的工业品出厂价格指数进行缩减，基期为2001年。资本投入由各省历年的固定资产净值年平均余额表示，利用固定资产投资价格指数对其进行价格平滑，基期同样为2001年。劳动投入由职工年平均人数表示，中间投入由工业中间投入合计表示，同

① 参考谢千里等（2008）的做法。他认为大多数异常值可能来自那些没有可靠会计系统的个体户。

② 部分年份企业的工业增加值指标存在缺失现象，我们利用工业增加值＝工业总产值－工业中间投入＋应缴增值税来计算。

样利用各省份历年的工业品出厂价格指数进行缩减。其中度量垂直溢出效应需要利用的直接消耗系数数据来自《2002 年中国投入产出表(122 部门)》和《2007 年中国投入产出表（135 部门)》①。另外，由于我们采用的是大样本的企业层面截面数据，FDI 可能会选择进入 TFP 较高的行业和企业，由此带来内生性问题而可能导致估计结果有偏。我们可以利用面板数据的固定效应模型进行估计来解决这个问题。

4. 变量的描述性统计分析

对变量的统计性描述见表 5 -1。

表 5 -1 变量的统计性描述

		lnTFP	HS1	HS2	BS	FS	FOR	SOR	POR
全部企业	样本数	1529771	1580563	1580563	1580563	1580563	1568680	1568680	1568680
	均值	5.058	0.256	0.220	0.141	0.111	0.163	0.070	0.451
	标准差	1.165	0.129	0.146	0.128	0.063	0.345	0.243	1.398
本土企业	样本数	1216196	1254285	1254285	1254285	1254285	1254285	1254285	1254285
	均值	5.004	0.242	0.202	0.136	0.105	0.003	0.082	0.553
	标准差	1.146	0.115	0.137	0.119	0.056	0.038	0.266	1.545
国有企业	样本数	108120	121679	121679	121679	121679	109796	109796	109796
	均值	4.469	0.228	0.164	0.120	0.099	0.022	0.933	0.023
	标准差	1.561	0.117	0.123	0.122	0.060	0.087	0.142	0.084
私营企业	样本数	699342	716561	716561	716561	716561	704678	704678	704678
	均值	5.036	0.246	0.211	0.139	0.107	0.009	0.002	0.968
	标准差	1.044	0.115	0.139	0.117	0.055	0.057	0.029	0.104

从不同所有制企业样本量来看，全部企业中以本土企业为主，占的比重约为 70%；本土企业中以私营企业为主，占的比重约为 50%；国有企业占的比重约为 7%。从不同所有制企业的 TFP 对数的均值大小来看，外资企业生产率水平高于私营企业、国有企业和全部本土企

① 为更真实动态地反映 FDI 通过投入产出关联在垂直方向产生的影响，本书采用两张投入产出表来分别测度 FDI 在不同时期的垂直溢出效应。其中，2001 ~2004 年、2005 ~2007 年的垂直溢出效应分别利用 2002 年投入产出表和 2007 年投入产出表中的直接消耗系数计算。另外，在选取数据时，本书对两张投入产出表中的 122 部门和 135 部门进行了合并。

业。外资企业和本土企业技术差距的存在，一方面说明企业间的技术外溢存在可能；另一方面表明了国内制造业继续引入外资是有必要的。私营企业 TFP 水平虽低于外资企业但高于国有企业以及本土企业平均水平，说明私营企业是本土企业技术进步的重要力量。相比之下，国有企业 TFP 水平最低①，分别是本土企业和私营企业的 58.6% 和 56.7%。从不同所有制企业的股权比重来看，国有企业中的外资股权比重为 2.2%，远高于本土企业平均值（0.3%），也高于私营企业（0.9%）水平。这在一定程度上说明，外资以合资、并购方式进入国内的主要投资对象是国有企业。

5. 面板数据估计模型选取

面板数据模型通常分为混合估计模型、固定效应模型和随机效应模型。模型的选用可以依据 Hausman 检验和 LM 检验来完成。但由于我们采用的是大样本的企业层面截面数据，FDI 可能会选择进入 TFP 较高的行业和企业，由此带来内生性问题而可能导致估计结果有偏。我们可以利用面板数据的固定效应模型进行估计来解决这个问题。

二、基本估计模型的检验结果

表 5－2 显示了以 lnTFP 为因变量估计的企业固定效应检验结果。对全部企业而言，从当期效果来看，FDI 的水平溢出效应和前向关联溢出效应系数为正，后向关联溢出效应系数为负；从滞后一期效果来看，FDI 的后向关联溢出效应由负扭转为正，表现出显著的正向作用；水平溢出效应仍然正向显著，前向关联效应则变得不显著。这种特征对于本土企业同样存在，只是变量的回归系数有所降低。这验证了我们前述有关以全部企业作为样本会高估 FDI 溢出效应的观点。与国外的一些研究结论相反，我们的结果显示 FDI 在水平方向促进了本土企业生产率的提高（Aitken、Harrison，1999）。另外，检验结果表明 FDI 通过后向关联途径的溢出效应呈现一定的滞后性，作为中间品供应商或服务商的 FDI 对国内企业的生产率提升作用需要经过一段时期才体

① 谢千里（2008）、陈琳和林珏（2009）的测算结果也表明国有企业的 TFP 低于私营企业和外资企业。

现出来。为检验这种滞后的稳定性，我们对本土企业关于外资变量为二期滞后进行了检验①，结果仍然显示正向显著。

表 5－2 lnTFP 为因变量以 LP 方法估计的企业固定效应检验结果

变量	外资变量为当期值		外资变量为一阶滞后②	
	全部企业	本土企业	全部企业	本土企业
HS/HS（－1）	2.1220***	1.9047***	0.0554***	0.0510*
	(0.0718)	(0.0837)	(0.0225)	(0.0261)
BS/BS（－1）	－1.7802***	－1.6029***	0.0939***	0.0740***
	(0.0815)	(0.0913)	(0.0146)	(0.0165)
FS/FS（－1）	1.1337***	0.0269***	－0.0544	－0.0027
	(0.2155)	(0.2584)	(0.0533)	(0.0614)
行业哑变量	Yes	Yes	Yes	Yes
年份哑变量	Yes	Yes	Yes	Yes
常数项	5.3686***	5.3516***	5.8624***	5.8408***
	(0.0403)	(0.0457)	(0.0509)	(0.0568)
观测值	1529771	1216196	1034351	808352
组内 R^2	0.315	0.300	0.306	0.294

注：*、**、*** 分别表示系数在 10%、5%、1% 水平上显著；括号内是标准误；估计式包括了企业和年度固定效应。

第二节 企业异质性对溢出效应影响的计量检验

本节利用式（5－2），加入外资、国有和私有股权比重等控制变量，同时将样本分为国有企业、私营企业和外资企业分别进行检验，考察企业股权结构和所有制类型等企业异质性特征对 FDI 技术溢出吸收效果的影响。

① 检验结果未列出，有兴趣的读者可向笔者索取。

② 本书也用外资变量的滞后二期进行估计，发现结果与滞后一期估计差异不大，所以没有报告结果。

一、股权结构的影响

表5-3显示了以lnTFP为因变量估计的基于股权结构的企业固定效应检验结果。对本土企业而言，从当期效果来看，FDI的后向关联溢出效应显著为负；从滞后一期效果来看，在不管是以产值还是人员比重来度量FDI水平溢出效应的模型中，FDI的后向关联溢出效应由负显著扭转为正显著。这表明FDI通过后向关联渠道能带来正向溢出效应，但这种溢出效应呈现一定的滞后性，即FDI对作为中间品供应商或服务商的本土企业的生产率提升作用需要经过一段时期才体现。这种滞后性的存在说明技术扩散并不是自动发生的，而是一个耗费成本的学习过程。在当期，本土企业为成为外资企业的合格供应商不得不花费成本进行产品认证、优化生产流程、引入准时送货体系和组织人员培训等，这在短期内因投入成本的增加而使生产率受损。在建立产业关联后，本土企业技术能力的上升结合其对下游外资客户外溢知识的吸收，直接带动了生产率提升。

表5-3 基于股权结构的企业固定效应检验结果

变量	外资变量为当期值		外资变量为一阶滞后			
	本土企业	本土企业	全部企业	全部企业	本土企业	本土企业
HS1/HS1（-1）	1.8746***		0.0540**		0.0497*	
	(0.0837)		(0.0225)		(0.0261)	
HS2/HS2（-1）		-0.6516***		-0.0050		-0.0097
		(0.0743)		(0.0170)		(0.0200)
BS/BS（-1）	-1.6253***	-0.8617***	0.0957***	0.0851***	0.0744***	0.0657***
	(0.0913)	(0.0835)	(0.0146)	(0.0152)	(0.0165)	(0.0172)
FS/FS（-1）	0.1379	4.6671***	-0.0491	0.0663	-0.0021	0.1108**
	(0.2582)	0.2644	(0.0534)	(0.0475)	(0.0613)	(0.0558)
FOR	0.7449***	0.7457***	0.0989***	0.0988***	0.6719***	0.6717***
	(0.0576)	(0.0576)	(0.0061)	(0.0061)	(0.0681)	(0.0681)
SOR	-0.1975***	-0.1987***	-0.2102***	-0.2102***	-0.2209***	-0.2209***
	(0.0058)	(0.0058)	(0.0066)	(0.0066)	(0.0068)	(0.0068)

续表

变量	外资变量为当期值		外资变量为一阶滞后			
	本土企业	本土企业	全部企业	全部企业	本土企业	本土企业
POR	-0.0002	-0.0002	-0.0001	-0.0001	0.0001	0.0001
	(0.0005)	(0.0005)	(0.0005)	(0.0005)	(0.0004)	(0.0004)
常数项	5.3762***	5.8523	5.8609***	5.8669***	5.8628***	5.8684***
	(0.0457)	(0.0436)	(0.0509)	(0.0508)	(0.0567)	(0.0567)
行业哑变量	Yes	Yes	Yes	Yes	Yes	Yes
年份哑变量	Yes	Yes	Yes	Yes	Yes	Yes
观测值	1216196	1216196	1028867	1028867	808352	808352
组内 R^2	0.301	0.301	0.309	0.309	0.296	0.295

注：*、**、*** 分别表示系数在10%、5%、1%水平上显著；括号内是经过异方差校正的标准误；估计式包括了企业和年度固定效应。

从水平溢出效应系数来看，不管是否加入外资滞后变量，以产值比重度量的结果显示，FDI在水平方向存在正向的竞争示范效应，FDI促进了同行业内的本土企业生产率提升。这与国内外的一些研究结论不同（Aitken、Harrison，1999；许和连等，2007；陈琳、林珏，2009），其结果显示FDI在水平方向存在负影响或不明显。可能的原因一方面是研究对象和数据选取不同，得到的结论会存在差异。另一方面国内企业在经历20世纪80~90年代外资进入冲击的洗礼后，正逐渐地成长壮大。进入21世纪特别是中国加入世界贸易组织后，本土企业通过加快设备升级改造、加大R&D投入以及积极地向外资企业学习，在技术效率和技术进步方面得到了快速提升。本土企业学习经验的积累和技术能力的增强使其通过竞争、模仿和示范机制获得的正面效应大于负面的挤出效应。Wei和Liu（2006）采用1998~2001年中国制造业1万家企业的微观面板数据，也发现在区域内存在显著正向的水平溢出效应。另外，加入滞后变量后，水平方向的系数有明显下降，而且系数值明显低于后向关联的系数，这表明后向关联渠道相比水平渠道对本土企业生产率的提升作用更显著。另外，以人员比重度量的结果显示，FDI在水平方向对本土企业存在负向的人员流动效应（当期显著，滞后期不显著）。外资企业通过人员流动给本土企业带来负面影响的原因可能是高层次的人力资源更多地流向外资企业。目前的状况是，外资企业（特别是港澳台地区以外的外资企业）的工资收入普遍高于本土企业[①]。外资企业提供的高工资以及适合职业生涯发展的人员培训吸引了当地高素质的人力资源。这种逆向流动量远远大于顺向流动量的状况使 FDI 的人员培训效应难以发生，甚至对本土企业产生负向影响。

从前向关联溢出效应系数来看，在当期 FDI 通过前向关联渠道表现出正面影响。但在滞后期以产值比重和人员比重度量的模型中结果相反。正面的作用可能由于作为供应商的外资企业提供的高质量产品促进了技术知识扩散，其售前产品展示以及售后服务带来了正面的消费者培训效应。负向作用的可能原因是外资企业由于技术、管理等方面的相对优势以及大规模供应形成的较强议价能力，容易对下游本土企业形成卖方势力。这种势力在滞后期给下游本土企业的生产成本带来不利影响，从而使其生产率受损。目前，国内的装备制造、电子信息和交通运输设备制造等制造业中核心部件和关键技术为外资控制，这些行业中负向的前向关联效应可能会比较突出。

从企业股权结构变量的回归系数来看，不同资本所有权的参与对企业生产率的影响不同。不管是全部企业还是本土企业，外资股权比重与企业生产率正相关，而国有股权比重与企业生产率显著负相关，私营股权比重变量则不显著[②]。这说明 FDI 溢出效应一定程度上取决于本土企业的股权结构，外资股权的参与通常能带来先进的技术和管理经验，增强本土企业获得正向溢出效应的机会，而国有股权的提高则由于存在种种弊端而产生负面影响。私营经济作为国内发展最快、市场上表现活跃的资本形式，私营股权的提高却没有给企业生产率提升带来显著作用。可能的原因是对于私营经济的歧视性政策限制了其活力的发挥。

另外，对全部企业和本土企业的检验结果进行比较发现，正向溢出效应的回归系数均有不同程度的降低。这验证了我们前述有关以全部企业作为样本会高估 FDI 溢出效应的观点。

---

① 据《中国统计年鉴》数据计算，在 2001 ~2007 年各年份中，外资企业的职工年平均工资均显著高于本土企业。从 8 年的平均工资水平来看，外资企业（20088 元/人）为本土企业（17867 元/人）的 1.12 倍。

② 路江涌（2008）使用中国制造业企业面板数据研究也发现，外资股权和国有股权的提高分别有利和不利于本土企业获得正的溢出效应。

比较而言，相比水平方向的溢出，FDI 的后向关联渠道构建了外资企业和本土企业之间技术扩散的渠道，显示出更直接的溢出效应；相比前向关联的溢出，上游本土企业生产率的提高带来的产品供应成本降低、质量稳定及其提高对下游外资客户是有利的。所以，外资企业的技术知识更可能通过后向关联渠道扩散，从而使本土企业生产率更容易得到提升。

二、所有制类型的影响

企业所有制类型是私营企业还是国有企业会影响对 FDI 技术溢出的吸收能力（Li 等，2001；Sinani、Meyer，2004；Buckley、Clegg、Wang，2006）。考虑到中国是一个处于转型时期的国家，各种所有制企业并存，不同所有制企业的竞争状况存在差异，企业所有制类型等异质性因素可能影响本土企业对 FDI 溢出效应的吸收。为此，本书在本土企业样本中单独考察 FDI 对国有企业和私营企业的技术溢出情况，并同时考察 FDI 对国内的外资企业的技术溢出情况。对不同类型企业的检验结果如表 5－4 所示。

表 5－4 基于所有制类型的企业固定效应检验结果

变量	国有企业		私营企业		外资企业	
HS1（－1）	0.2490*		0.0608*		0.0940**	
	(0.1319)		(0.0324)		(0.0459)	
HS2（－1）		－0.0033		0.0094		0.0120
		(0.1041)		(0.0247)		(0.0331)
BS（－1）	－0.0109	－0.0262	0.0503**	0.0450**	0.1493***	0.1283***
	(0.0818)	(0.0837)	(0.0207)	(0.0216)	(0.0314)	(0.0325)
FS（－1）	0.0144	0.4606*	0.0084	0.1037	－0.2155*	－0.0436
	(0.2989)	(0.2686)	(0.0772)	(0.0701)	(0.1128)	(0.0950)
常数项	5.6970***	5.7296***	5.8379***	5.8436***	4.2616***	4.2666***
	(0.4306)	(0.4303)	(0.0903)	(0.0902)	(0.4647)	(0.4647)
行业哑变量	Yes	Yes	Yes	Yes	Yes	Yes
年份哑变量	Yes	Yes	Yes	Yes	Yes	Yes
观测值	68791	68791	463535	463535	225999	225999
组内 R^2	0.307	0.307	0.295	0.295	0.348	0.348

注：所有模型的自变量采用滞后一期。*、**、*** 分别表示系数在 10%、5%、1% 水平上显著；括号内是经过异方差校正的标准误；估计式包括了企业和年度固定效应。

对私营企业而言，与前述本土企业检验结果类似，FDI 在水平方向对其产生正向显著的竞争示范效应，没有带来明显的人员流动效应；FDI 在垂直方向通过后向关联渠道促进其生产率提升，在前向关联渠道未带来显著技术外溢。

对国有企业而言，正向显著的竞争示范效应同样存在，人员流动效应为负；与本土企业以及私营企业检验结果相反，后向关联溢出效应虽不显著但显示负向作用。这说明，存在后向关联并不意味着溢出效应的发生。国有企业长期受计划体制庇护，法人治理结构不完善、缺乏有效的约束激励机制，总体上缺乏技术学习和创新的动力。学习意愿不强和较弱的吸收能力致使其在与外资关联过程中不能完全抽取生产率提高带来的价值，正向的溢出效应难以产生反而受到负面影响。另外，国有企业虽然近年来连续的减员增效，年平均工资水平超过其他企业，但国有企业僵硬的人事制度和分配体系不仅阻碍高素质人才的流入，而且在外资的冲击下容易导致人才流失。因此，国有企业与外资企业之间人员的逆向流动通常表现为负向的人员培训流动效应。模型结果还显示，显著正向的竞争示范效应存在，但这并不一定是国有企业技术能力、模仿能力的提高带来的。事实上，国有企业主要分布在垄断性行业，在同一市场上缺乏外资经济的正面竞争。加上凭借行政保护和资源垄断优势，国有企业即使受外资经济冲击也会被抵消。在不断的规模扩张中，国有企业在水平方向仍表现出生产率提升的现象。

对外资企业而言，从后向关联溢出效应系数的大小来看，外资企业之间的供货关系或服务关系带来的纵向溢出效应相比全部本土企业以及私营企业要明显。外资企业在技术能力、组织架构和企业文化等方面的明显优势，可能使其更易接受来自下游外资客户的技术扩散。这说明溢出效应的获得一方面基于企业的人力资本、研发能力等吸收能力大小①；另一方面它可能与企业的产权安排、组织结构和企业文化等因素相关。张纯洪和吴迪（2010）的研究也表明，国内的日本整车制造商的序列供应商（含一级和二级供应商）绝大部分是日资企业。本土企业在这种由

① 赖明勇（2005）等的研究结果就表明，吸收能力对 FDI 的技术溢出效果起决定作用，人力资本投资的相对滞后制约了吸收能力的提高。外资企业较强的吸收能力增强了其获得正向溢出效应的机会。

组织和文化差异构筑的“战略隔绝机制”下，基本被排除在封闭的供应链之外，也就难以通过建立产业关联获得技术和管理知识。

三、出口强度的影响

表5-5显示了按出口强度的分组检验结果。按出口与非出口分组检验的结果显示，正向的竞争示范效应同样存在，后向关联溢出效应则存在差异性。出口企业通过与外资客户的产业关联提升了技术水平，而非出口企业未受到明显的促进作用。对出口企业来说，由于面临国外市场的激烈竞争，其出口产品通常有更高的质量要求。出口企业通过出口中学习提高了技术水平和技术能力，这种学习能力和技术能力的提升使其容易成为外资企业符合条件的供应商，从而有利于吸收上游外资客户外溢的新技术以及原理性知识。另外，技术能力的提高使出口企业增强了在国内市场与外资企业正面竞争的能力，也更容易通过竞争模仿机制获得正向的FDI溢出效应。非出口企业相比出口企业生产率水平和技术能力相对低下，受学习能力和吸收能力限制，通常对FDI外溢知识的吸收有限，也进一步限制了其与外资客户之间加强联系或联系质量的提高。

表5-5　对出口和不出口企业的固定效应检验结果

变量	非出口企业	出口企业	出口企业		
			出口强度≥0.2	出口强度≥0.5	出口强度≥0.8
HS1（-1）	0.0462*	0.0802*	0.0132	0.0165	-0.0029
	(0.0280)	(0.0545)	(0.0654)	(0.0758)	(0.0936)
BS（-1）	0.0174	0.1580***	0.1834***	0.2127***	0.2859***
	(0.0173)	(0.0368)	(0.0461)	(0.0553)	(0.0709)
FS（-1）	-0.0237	-0.1671	-0.0174	-0.1172	-0.2651
	(0.0641)	(0.1363)	(0.1697)	(0.2011)	(0.2528)
常数项	5.0671***	7.0013***	6.7633***	4.6629***	7.6191***
	(0.1650)	(0.1218)	(0.2359)	(0.2391)	(0.5446)
观测值	570186	238165	191216	165730	142104
组内 R^2	6.7	34.7	36.7	37.9	39.7

注：所有模型的自变量采用滞后一期。*、**、***分别表示系数在10%、5%、1%水平上显著；括号内是标准误；估计式包括了企业和年度固定效应。模型中均加入了行业和年份哑变量，在结果中省略。由于使用人员比重指标反映的水平溢出变量系数不显著，在本模型中省略了结果。

另外，我们按出口强度（企业出口销售额占销售收入的比重）大小分三个区间来进行分组检验。结果显示，出口比重大于0.8的内资企业相比比重大于0.5和0.2的企业，后向关联溢出系数有加大的趋势。这说明内资企业随着出口比重的提高，获得正向的后向关联溢出效应的程度有所加强。Blomström 和 Sjöholm（1999）认为，企业的出口能力影响 FDI 外溢知识的吸收效果。Schoors 和 van der Tol（2002）对匈牙利企业数据进行实证研究也发现，后向关联溢出效应发生在开放和更开放的部门，而且在更开放部门这种溢出效应更明显。目前，国内出口导向型内资企业大多以贴牌代工或加工贸易方式参与到发达国家主导的全球生产与贸易体系。出口企业为了不断满足国际市场迅速提升技术水平和降低生产成本的要求，必须通过各种方式持续提高生产率。出口强度的提高，促使内资企业加强学习和不断提高技术能力，对 FDI 外溢知识的吸收效果也就更明显。

第三节　本章小结

本章利用中国30个制造业2001～2007年的微观面板数据，在考虑企业股权结构和所有制类型等异质性的基础上，对 FDI 通过后向关联渠道对本土供应商生产率的影响情况进行了实证研究。研究结果发现：从垂直方向的溢出效应来看，FDI 通过后向关联溢出渠道明显促进了本土供应商 TFP 的提升。但这种垂直方向的技术扩散并不是自动发生的，而是一个耗费成本的学习过程。从水平方向的溢出效应来看，FDI 对本土企业的竞争示范效应为正，人员流动效应不明显。从企业所有制类型来看，通过后向关联渠道，FDI 对外资企业和私营企业的 TFP 的提升都有正面影响，对国有企业则有负面影响。从股权结构的影响来看，外资股权的参与提高了本土企业的 TFP，国有股权不利于企业生产率提升，私营股权的影响不明显。本土企业出口相比不出口更容易获得正向的后向关联溢出效应，并且随着出口强度的加大溢出效应有增强趋势。

第六章　基于广东省工业企业面板数据的计量分析

由于广东省是吸引外资的大省和对外开放较早的省份，本章选取广东省 2001 ~2007 年制造业企业面板数据进行计量分析，运用 Levinsohn – Petrin 半参数方法估计企业 TFP，重点考察吸收能力对 FDI 不同溢出渠道溢出效应的调节效应。

第一节　模型、变量和数据

1. 数据来源及处理

本书采用的数据来自由中国统计局整理的中国工业企业数据库，选取了 2001 ~2007 年广东省制造业企业数据。笔者对数据库进行了以下筛选和处理：选取了从业职工人数大于 8 的企业，对每个企业赋予了唯一的数字编码，得到了包含数据起止年限为 7 年、观测值个数为 109023 的非平衡面板的数据集合；数据集拆分为本土企业和外资企业两个部分，外资企业定义为企业实收资本中外资（含港澳台地区）比重大于或等于 25% 的企业，其他为本土企业；本土企业中分出国有企业和私营企业，分别定义为国家资本金或个人资本金占企业实收资本比重大于 50% 的企业。模型和运算中所采用的价值数据分别进行了价格平滑：总产出由工业增加值表示，中间投入由工业中间投入合计表示，以 2001 年为基期，均利用广东省的工业品出厂价格指数进行缩减。资本投入由固定资产年平均余额表示，以 2001 年为基期，利用固定资产投资价格指数进行价格缩减。劳动投入由企业职工年平均人数表示。本书涉及垂直溢出效应的度量，需要的直接消耗系数数据来源于《2002 年广东省投入产出表（122 部门）》和《2007 年广东省投入产出表（135 部门）》。为更好地反映企业所在行业的特征，同时又与前述的 122 部门和 135 部门的投入产出表对应，本书使用三位数行业代码，经过对照后，将原有制造业合并转换为 67 个制造业。

2. 模型设定和变量描述

为了分别检验溢出效应及吸收能力的调节效应，本书设定了两个回归方程：FDI 溢出效应的基准回归方程（6-1）以及纳入吸收能力与溢出交叉项的调节效应方程（6-2）。模型的形式借鉴了 Aitken 和 Harrison（1999）及 Javorcik（2004）的思路，如式（6-1）和式（6-2）所示：

$$\ln TFP_{ijt} = \alpha + \beta_1 HS_{jt} + \beta_2 BS_{jt} + \beta_3 FS_{jt} + \beta_4 Control_{ijt} + \beta_5 Dum_t + \delta_i + \varepsilon_{it} \tag{6-1}$$

$$\ln TFP_{ijt} = \alpha + \beta_1 absorb_{ijt} + \beta_2 HS_{jt} + \beta_3 BS_{jt} + \beta_4 FS_{jt} + \beta_5 Hab_{ijt} + \beta_6 Bab_{ijt} + \beta_7 Fab_{ijt} + \beta_8 Control_{ijt} + \beta_9 Dum_t + \delta_i + \varepsilon_{it} \tag{6-2}$$

式中，i、j、t 分别表示企业、行业和时间。$\ln TFP_{ijt}$表示企业 TFP 的对数。α 是截距项，δ_i 是不可观测的企业固定效应，ε_{it}是误差项。HS_{jt}代表 i 企业所在的 j 行业内 t 时间的 FDI 水平溢出效应，以全部外资企业产值之和占全行业总产值的比重来表示。BS_{jt}代表 FDI 的后向关联效应，由企业所在行业向所有下游行业中外资企业提供的中间品比例表示。FS_{jt}代表 FDI 的前向关联效应，由企业所在行业的所有上游行业中外资企业提供的投入品比例表示。$absorb_{ijt}$表示企业 i 的吸收能力。受数据可得性的限制，参考 Girma（2005b）的做法，以当期企业的 lnTFP 与该企业所在三位数行业中技术水平最高企业的 lnTFP 的比值表示，即 $absorb_{ijt} = \frac{\ln TFP_{ijt}}{\max(\ln TFP_{jt})}$。$Hab_{ijt}$、$Bab_{ijt}$及 Fab_{ijt}分别为吸收能力与水平溢出效应、后向关联溢出以及前向关联溢出效应的交互项，即 $absorb_{ijt} \times HS_{ijt}$、$absorb_{ijt} \times BS_{ijt}$和 $absorb_{ijt} \times FS_{ijt}$，用于表示吸收能力通过水平溢出、前向关联渠道、后向关联渠道对溢出效应的调节作用。另外，模型中的控制变量使用反映行业属性和企业规模的变量，分别采用企业所在行业的资本劳动比（K/L）以及企业的工业总产值（Y），哑变量采用年份哑变量 Dum_t。

第二节 基准模型的分组检验

表6－1是基准回归方程（6－1）的检验结果。根据F检验和Hausman检验结果，本书选用了固定效应模型进行估计。模型中的年份哑变量和控制变量书中不讨论其作用，因此不在结果中详述。为考察企业性质不同带来的影响，本书把全部样本分为国有企业、私营企业和外资企业进行分组检验。从表6－1可以看出，吸收能力对各类型企业的生产率均有正向促进作用，说明吸收能力的提升对生产率变化有直接的促增作用。外资企业吸收能力的系数越大，说明相比本土企业其吸收能力对生产率的提升作用越明显。

表6－1 FDI的溢出效应模型的分组检验

变量	回归6.1	回归6.2	回归6.3	回归6.4
	本土企业	国有企业	私营企业	外资企业
absorb	9.934***	9.779***	9.907***	10.06***
	(0.0267)	(0.124)	(0.0428)	(0.0260)
HS	0.392***	0.353**	0.292***	0.216***
	(0.0292)	(0.124)	(0.0451)	(0.0293)
BS	0.117***	0.0194	0.136***	0.103***
	(0.0062)	(0.0417)	(0.00941)	(0.00472)
FS	0.149***	0.251***	0.111***	0.103***
	(0.0138)	(0.0846)	(0.0200)	(0.0134)
常数项	0.426***	0.554***	－0.185***	0.415***
	(0.0245)	(0.1000)	(0.0401)	(0.0261)
控制变量	Yes	Yes	Yes	Yes
年份哑变量	Yes	Yes	Yes	Yes

续表

变量	回归 6.1	回归 6.2	回归 6.3	回归 6.4
	本土企业	国有企业	私营企业	外资企业
观察值	52398	2358	23665	43191
模型	FE	FE	FE	FE
组内 R^2	0.8161	0.7804	0.8355	0.8365

注：*、**、*** 分别表示在 10%、5%、1% 水平上显著，括号里数字为估计系数的标准误。

在水平方向上，FDI 对所有类型企业均产生了显著的正向溢出效应。这表明跨国公司对本土企业产生了竞争示范效应，促进了企业生产率的提升；同时，国内的外资企业也通过水平溢出途径取得了正的外部性。

在垂直方向上，除了国有企业外，其他类型企业都存在显著正向的垂直溢出效应。外资企业作为供应商提供的高质量中间投入品以及先进的设备等带来的技术扩散，通过前向关联渠道促进本土企业生产率提升。同时，外资企业对本土供应商提供的技术培训、产品标准设定等，通过后向关联渠道，促使本土供应商提升自身技术水平，获得了正向溢出。国有企业的后向关联溢出效应不显著，这一现象可能是由大多数国有企业处于垄断地位，缺乏竞争意识和学习动力，没有主动与上下游的外资企业建立供货关联造成的。另外，私营企业在后向关联渠道上相比全部本土企业显示出较强的溢出效应，这表明私营企业相比其他本土企业在获取外资客户外溢知识方面更具有优势。

第三节 吸收能力调节效应的分组检验

表 6－2 显示了方程（6－2）的检验结果。可以看出，吸收能力对所有企业生产率的影响系数均显著为正，FDI 溢出效应对国有企业在垂直方向上仍不显著，对其他企业均具有显著正向的水平和垂直溢出影响，这与表 6－1 显示的结果一致。说明水平、前向关联和后向关联的正向溢出效应具有稳健性。

表 6-2 对吸收能力调节效应模型的分组检验

变量	回归 6.5 本土企业	回归 6.6 国有企业	回归 6.7 私营企业	回归 6.8 外资企业
absorb	10.84***	11.00***	10.82***	10.84***
	(0.0232)	(0.134)	(0.0359)	(0.0234)
HS	0.310***	0.621***	0.338***	0.293***
	(0.0395)	(0.207)	(0.0588)	(0.0378)
BS	0.0418**	0.0868	0.00366*	0.109***
	(0.0190)	(0.150)	(0.0290)	(0.0165)
FS	0.337***	0.112	0.239***	0.193***
	(0.0461)	(0.209)	(0.0667)	(0.0474)
Hab	-0.140***	-0.322	-0.285***	-0.0155
	(0.0487)	(0.262)	(0.0737)	(0.0428)
Bab	0.156***	-0.0364	0.239***	0.0360
	(0.0304)	(0.247)	(0.0464)	(0.0252)
Fab	-0.293***	0.0561	-0.209**	-0.0866
	(0.0734)	(0.325)	(0.107)	(0.0717)
常数项	-0.00514	-0.120	0.0324	-0.115***
	(0.0207)	(0.103)	(0.0317)	(0.0233)
控制变量	Yes	Yes	Yes	Yes
年份哑变量	Yes	Yes	Yes	Yes
观察值	52398	2358	23665	43191
模型	FE	FE	FE	FE
组内 R^2	0.8931	0.8540	0.9061	0.8983

注：*、**、*** 分别表示在 10%、5%、1% 水平上显著，括号里数字为估计系数的标准误。

加入吸收能力与溢出交叉项变量的模型检验结果拟合度有所增强，同时交叉项系数显著，说明吸收能力是溢出效应和生产率变量的调节变量①。吸收能力的调节效应对全部本土企业以及私营企业有相似的检验结果：吸收能力与水平溢出和前向关联溢出的交叉项均显著为负，

① 温忠麟、侯杰泰和张雷（2005）讨论了调节变量的概念和调节效应估计方法，并与中介变量进行了系统的比较。

与后向关联溢出的交叉项均显著为正。这表明，在水平方向和前向关联渠道方面，本土企业尤其是私营企业的吸收能力越强，溢出效应对其生产率提升的贡献越小，吸收能力对水平方向和前向关联的溢出效应产生替代作用。可能的原因是，一方面吸收能力的不断提高直接促使企业 TFP 提升，企业技术水平的提高使获得技术溢出的空间相对狭窄，同时其所需要的核心技术或关键知识会受到技术和知识拥有方的严密保护而难以获取，导致外源技术环境相对恶劣，其获取外部知识和技术溢出的难度也将远大于技术水平相对较低的企业；另一方面企业吸收能力的不断增强使其更专注内部知识的积累和生产，更重视 R&D 投入带来的生产率提升效应，采用自己 R&D 生产方式减少对外资供应商的依赖，导致前向关联溢出渠道的调节效应为负向影响。与上述情况不同的是，吸收能力对后向关联的技术溢出和企业生产率提升的调节效应显著为正。这可能由两方面原因造成：一方面，本土企业作为外资企业的供应商是较为常见的。外资企业为保证自身产品的质量和降低采购成本，更有可能对本土供应商提供各种技术支持，后向关联溢出比水平溢出和前向关联溢出也就更容易发生（Javorcik，2004；杨亚平，2007），吸收能力的正面调节作用因此更有条件发挥。另一方面，在长期供货合作中，本土企业吸收能力得到增强，吸收能力能强化外溢技术的吸收效果，促使外部知识的内部化，从而对溢出效应和生产率的关系发挥正面调节作用。

对于国有企业和外资企业而言，吸收能力的调节效应在水平与垂直方向上均不显著。二者的原因有迥异差别。国有企业大多数处于垄断地位，竞争意识相对不强，缺少主动汲取外源技术的动力，对吸收能力的提升也不重视，因此吸收能力的调节作用不能得到有效发挥。才国伟和连玉君（2011）的研究也表明，省级以上隶属关系的企业吸收 FDI 溢出效应的能力受到了抑制。外资企业的情况有所不同。由于外资企业技术水平相对较高或掌握前沿尖端技术，获得技术溢出的空间相对狭窄。另外，外资企业即使拥有较强的吸收能力，主要依靠自身 R&D 投入和依靠吸收能力的直接决定作用来提升 TFP，表现出调节效应不明显。

第四节　本章小结

利用广东省 2001 ~2007 年的微观面板数据，考虑企业吸收能力作用的实证研究结果表明：

（1）吸收能力对企业生产率提升具有明显正向作用，即直接的促增作用。

（2）对于全部本土企业以及私营企业，FDI 具有显著正向的水平和垂直溢出效应，企业可以通过 FDI 获取外部技术知识并提升其生产率。

（3）全部本土企业以及私营企业的吸收能力在后向关联溢出渠道上的调节效应均显著为正，即吸收能力可以通过促进后向关联溢出来提升企业生产率；在水平溢出和前向关联溢出渠道上，本土企业的吸收能力对溢出效应产生替代作用；国有企业未能获得明显的后向关联溢出，其吸收能力的调节作用在水平和垂直方向上均没有得到体现。

（4）国内的外资企业也可以获得正向的水平和垂直溢出效应，但其吸收能力的调节效应并不明显。

第七章　国内出口供应商吸收能力与溢出效应的计量分析

本章在吸收 Bernard 和 Jensen（1999）、Wagner 和 Joachim（2007）的研究思路和方法的基础上，结合中国工业企业 2001～2007 年大样本微观数据，从出口供应商的所有制类型、出口强度以及资本密集度等异质性角度，对自我选择假说和学习效应假说对中国出口供应商的适用性进行进一步检验，同时探讨出口强度与出口企业生产率之间的关系以及吸收能力差异对出口供应商溢出效应的影响。

第一节　模型与数据

一、计量检验模型

1. 出口供应商 TFP 优势检验模型

我们采用学界常用的检验出口企业和非出口企业绩效差异的基准模型（Bernard、Jensen，1999），通过控制企业特征来测算出口企业的绩效优势。计量模型如式（7－1）所示：

$$\ln Y_{it} = \beta_0 + \beta_1 exportstate_{it} + \beta_2 control_{it} + \mu_{it} \quad (7-1)$$

模型（7－1）中的因变量为企业绩效，本书同时选取劳动生产率和 TFP 作为绩效指标。exportstate 指企业当期的出口状态，当期出口该值取为 1，当期不出口则取为 0。control 为反映企业状况的控制变量，包括企业规模、所在地区、行业以及年份等。出口状态系数 β_1 为正，则表明出口企业相比非出口企业存在绩效优势。我们把前者生产率高出后者的部分（$100 \times [\exp^{\beta_1} - 1]$）定义为生产率优势幅度。考虑到出口企业的结构性差异，我们在基准模型基础上进行分组研究，依据企业的所有制类型、出口强度以及资本密集度将出口企业划分不同组别分别进行检验。在分组的基础上，我们可以观测到异质性出口企业的出口活动与生产率变化的关系。

2. 自我选择效应检验模型

上述模型的估计结果能判断出口企业相比非出口企业是否存在生产率优势，但无法推断出口企业的高生产率究竟是自我选择的结果，还是通过出口中学习效应实现的。借鉴 Blalock 和 Gertler（2004）的思路，本书通过考察出口行为和生产率变化的相对时间变化来检验出口前是否具有生产率优势。具体做法是，通过计算当期出口与非出口企业在滞后一期内的平均 TFP 差异来检验自我选择效应假说。同时采用当期的出口状态对滞后两期的生产率进行回归，将之作为本书的稳健性检验，亦检验企业是否在出口前一年存在生产率提高的现象①，模型设定如式（7－2）所示：

$$\ln TFP_{i,t-k} = \beta_0 + \beta_1 exportstate_{it} + \beta_2 control_{i,t-k} + \mu_{it} \qquad (7-2)$$

模型（7－2）中出口状态变量 exportstate 的系数表示当期出口企业与非出口企业在滞后期的平均生产率差异。若系数为正，则表明出口企业在准备进入出口市场的前一年已存在生产率优势。控制变量 control 同样包含企业规模、所在地区、行业以及年份。需要说明的是，本书旨在基于企业异质性对自我选择效应进行检验，因此选择检验方法时需要对同一企业出口前后的状况进行比较检验。目前学术界较为流行的方法为倾向评分法（PSM 方法），即运用“反事实方法”：初次选择出口的企业必定经历过没有出口的阶段，从没有出口行为的样本企业中寻找与选择进入出口市场企业的特征相匹配的样本，以替代那些实际上选择出口但观测不到出口前的行为的企业。我们认为该方法

① 张杰、李勇和刘志彪（2009）研究表明，出口企业出口前一期 TFP 得到显著提高，而出口前两期 TFP 并未得到显著提高，得出出口学习效应在企业进入出口市场前就已经存在。

在匹配样本过程中忽略了企业异质性，出口企业与非出口企业之间存在静态差异，即便两个企业特征相近，非出口企业并不能完全代表出口企业出口前的真实情况。本书的做法是锁定企业代码，并在计量模型中通过判断出口企业滞后期出口状态来判定是否为持续出口企业和持续出口的期数。

3. 学习效应检验模型

我们根据 Bernard 和 Jensen（1999）、Wagner 和 Joachim（2007）的模型对中国出口企业的学习效应进行检验，并重点关注异质性企业的学习效应差异。学习效应检验模型如式（7－3）所示：

$$\ln TFP_{it} - \ln TFP_{i0} = \alpha + \beta_1 Start_{it} + \beta_2 Both_{it} + \beta_3 Stop_{it} + \beta_4 Control_{i0} + \mu_{it} \tag{7-3}$$

模型（7－3）中，Start＝1 表示基期不出口，t 期开始出口的企业；both＝1 表示基期开始出口并持续到 t 期；Stop＝1 表示基期开始出口，t 期退出出口市场的企业；参照组为持续不出口的企业。我们通过企业的出口状态及滞后期出口状态来判定企业是否连续出口：当期出口，滞后期不出口的企业 Start＝1；当期出口，并且滞后一期出口的为连续出口一年的企业，滞后一期及滞后二期出口的为连续出口两年的企业，滞后一期、滞后二期及滞后三期出口的为连续出口三年的企业。系数 β_1 表示新进入出口市场的企业与持续不出口的企业 TFP 差异。系数 β_2 表示在出口市场持续经营的企业与持续不出口企业的 TFP 差异，学习效应由该系数表示。通过控制滞后期数，可以观察企业出口后持续几年的生产率差异变化。考虑样本年限，我们重点关注出口后三年内的绩效差异。

4. 出口强度模型

我们在学界常用的检验出口企业和非出口企业绩效差异的基准模型（Bernard 等，1999）基础上，加入吸收能力和出口强度变量，基本计量模型如式（7－4）和式（7－5）所示：

$$\ln TFP_{it} = \beta_0 + \beta_i \sum_{i=1}^{5} exportratio_{it} + \beta_6 absorb_{it} + \beta_7 Control_{it} + \mu_{it} \tag{7-4}$$

$$lnTFP_{it} = \beta_0 + \beta_1 export1_{it} + \beta_2 export2_{it} + \beta_3 absorb_{it} + \beta_4 Control_{it} + \mu_{it} \quad (7-5)$$

模型（7－4）中，exportratio 是表示出口强度的虚拟变量，我们将出口强度定义为出口交货值占企业销售额的比例，并将出口强度划分为五个等级（0～20%、20%～40%、40%～60%、60%～80%、80%～100%），以考察不同出口程度企业的生产率优势差异，其中参照组为非出口企业；absorb 指企业吸收能力变量，模型（7－5）中，export1 表示出口交货值占比，export2 表示出口交货值占比的二次项。

5. 吸收能力调节效应模型

笔者在模型（7－5）中引入吸收能力与出口强度的交互项，以考察吸收能力对出口活动的调节效应。基本计量模型如式（7－5）所示：

$$lnTFP_{it} = \beta_0 + \beta_1 export1_{it} + \beta_2 export2_{it} + \beta_3 absorb_{it} + \beta_4 export1_{it} \times absorb_{it} + \beta_5 control_{it} + \mu_{it} \quad (7-6)$$

模型（7－6）中，export1 × absorb 为出口强度与吸收能力的交互项，β_4 为吸收能力对出口活动的调节效应系数。其他变量的含义与基准模型相同。

二、变量定义和指标选取

1. 变量定义

（1）出口状态变量。按照目前大多数研究的识别方法，把出口交货值大于零的企业定义为出口企业。

（2）反映企业异质性的控制变量。我们利用所有权比重划分企业所有制类型，将国家资本、集体资本以及个人资本占实收资本的比重大于或等于 50% 的企业分别定义为国有企业、集体所有制企业和私营企业。为分别考察港澳台地区出口企业和其他外资出口企业情况，我们将外商投资企业（占实收资本的比重大于 25%）进一步分为港澳台地区企业和其他外资企业。利用资本劳动比来区分企业的资本密集度，采用资本劳动比（K/L）衡量资本密集度，分别将资本密集度为 20% 分位数、20%～50% 分位数、50%～80% 分位数、80%～100% 分位数的企业划分为劳动密集型、中度劳动型、中度资本型以及资本密集型企业。利用出口销售额占出口企业总销售额的比重来区分出口强度，简称 EI。我们依据 $EI=0$、$0<EI\leq 0.25$、$0.25<EI\leq 0.5$、$0.5<EI\leq 0.75$、$0.75<EI<1$ 和 $EI=1$ 将出口强度分为六组。

（3）企业吸收能力 absorb。我们参考 Girma（2005b）的做法，以企业滞后一期的 TFP 与该企业所在行业滞后一期的全部企业中技术水平最高的企业的 TFP 的比值 $absorb_{i,j,t}=\frac{TFP_{i,t-1}}{maxTFP_{i,j,t-1}}$表示。

（4）其他控制变量。所在地按经济划分为东部地区、中部地区、西部地区①。按总产值大小将企业划分为大、中、小三种规模类型。本书依据工业和信息化部、国家统计局、国家发展和改革委员会、财政部关于印发中小企业划型标准规定的通知（工信部联企业［2011］300 号文）结合中国工业企业数据特征，将从业人员人数在 2000 人及以上或固定资产总额在 40000 万元及以上、从业人员人数在 300 ~ 2000 人或固定资产总额在 4000 万 ~ 40000 万元、从业人员 300 人及以下或固定资产总额在 4000 万元及以下分别定义为大型企业、中型企业和小型企业。

（5）被解释变量分别为 TFP、劳动生产率。在检验自我选择效应和学习效应时主要采用 TFP 作为企业绩效指标。TFP 采用半参数的 Levinsohn - Petrin（LP）方法测算②，劳动生产率用人均工业增加值（工业增加值除以企业从业人员年平均人数）表示，资本生产率利用工业增加值与企业的固定资产净值年平均余额的比值表示。

2. 指标选取

本部分采用的样本数据仍来自 2001 ~ 2007 年的中国工业企业数据库，按照第五章介绍的方法进行整理，经整理后的有效样本总计截面 452798 个，时间跨度为 7 年，涉及所有 30 个大类制造业行业。

---

① 东部地区包括北京、天津、河北、辽宁、上海、江苏、浙江、福建、山东、广东和海南 11 个省（市）；中部地区包括山西、吉林、黑龙江、安徽、江西、河南、湖北、湖南 8 个省级行政区；西部地区包括四川、重庆、贵州、云南、西藏、陕西、甘肃、青海、宁夏、新疆、广西、内蒙古 12 个省（市）。

② Van Biesebroeck（2008）的研究发现，相对于参数和非参数方法（如 DEA 等），半参数法是测算生产率时最稳健的方法。LP 方法是基于 OP 方法的一种改进，能有效纠正联立性偏误和选择性偏误。

第二节 典型事实分析

一、描述性统计

由描述性统计结果表7－1可知：第一，国有企业的平均生产率最低为4.3506，低于整体平均水平4.9178。其他外资企业的生产率最高，内资企业中私营企业的生产率最高。第二，中国工业企业中，涉及出口的企业占全部企业数目的8%左右。整体来看，纯出口企业占出口企业的份额很小，仅为0.3%。在全部所有制中，港澳台地区企业中的纯出口企业占出口企业的比例最高，达12.8%，表明纯出口企业在生产率方面的特征对港澳台地区企业的影响最大。第三，外资企业吸收能力的水平高于内资企业，外资企业中其他外资企业的吸收能力水平最高。第四，中国工业企业的平均出口强度约为16%，内资企业的出口强度偏低，其中国有企业出口销售额仅占全部销售额的3.78%；外资企业出口强度均高于40%。这说明我国出口方式和出口主体均存在二元性特征：一方面，出口企业以外资企业为主，内资企业为辅的二元结构；另一方面，加工贸易与一般贸易并存的二元结构。

表7－1 样本及主要变量描述性统计

	TFP的对数	总企业数（家）	出口企业数目占比（%）	纯出口企业/出口企业（%）	吸收能力	出口强度
全部企业	4.9178	1301386	7.98	0.326	0.4637	0.1568
国有企业	4.3506	188102	0.586	2.218	0.4091	0.0378
集体企业	4.6037	88773	7.81	1.729	0.4597	0.0699
私营企业	4.9673	524862	5.2	0.423	0.4605	0.1133
港澳台地区企业	5.1496	14984	0.78	12.8	0.4742	0.4193
其他外资企业	5.1644	6490	4.68	4.936	0.4922	0.4008

二、出口供应商异质性分析

1. 出口参与度状况

各年份中，全部企业平均出口参与度表明中国工业企业中约有30%的企业进行出口活动，但各类企业的出口参与度差异较大（见图7－1和图7－2）。具体而言，一是不同所有制企业出口参与度存在差异，2001～2007年国有企业、集体企业与私营企业的出口参与度均低于30%，港澳台地区企业与其他外资企业的出口参与度则均高于60%。这表明内资企业主要面向国内市场，外资企业更多地偏向国际市场。此外，各所有制企业在出口参与度上并不存在明显的时间变化趋势，表明中国出口企业的出口结构较为稳定。二是不同资本密集度的企业的出口参与度略有差异：资本密集型企业的出口参与度最高，其次是中度资本型企业、中度劳动型企业，劳动密集型企业出口参与度最低。

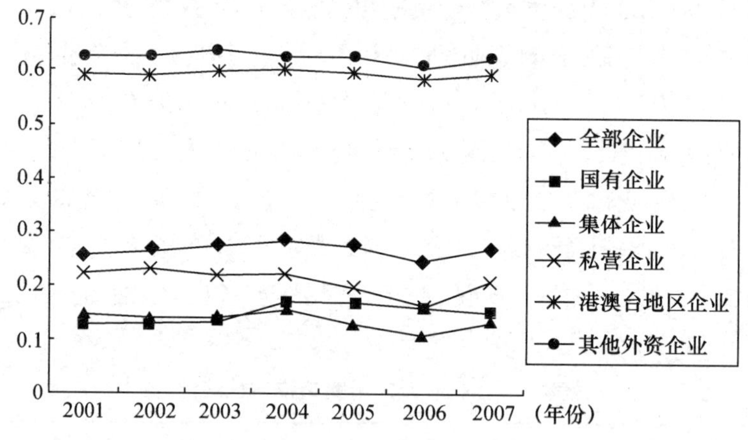

图7－1 各种所有制企业的出口参与度

2. 出口企业与非出口企业的对比分析

如表7－2和图7－3所示，出口企业的TFP远高于同期非出口企业，出口企业的生产率水平同时随时间提高。出口企业的人均资本（资本劳动比）高于非出口企业，出口企业资本产出比略低于非出口企业，这表明出口企业的资本深化程度高于非出口企业，出口企业更多地为资本密集型企业，出口企业单位产出需要的资本量小于非出口企业。但出口企业的劳动生产率低于同期非出口企业。此外，出口企业的规模比非出口企业大。通过对比，我们得出中国出口企业存在如下特征：出口企业在人均资本、企业规模、资本产出比、TFP 等方面存在优势（见图 7－4），但在以劳动生产率表征的劳动投入产出绩效方面不具有优势。

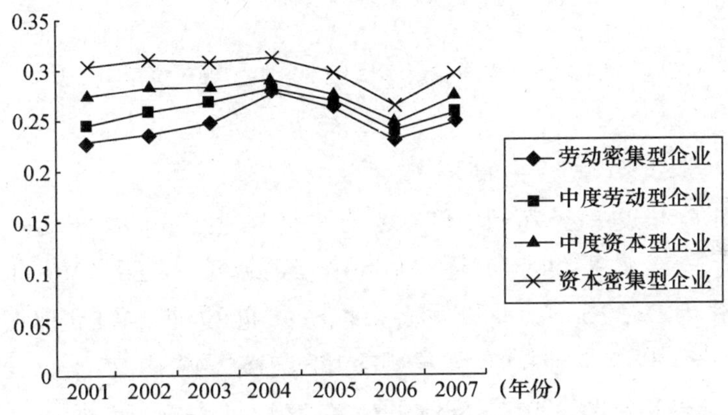

图 7－2　各种资本密集度企业的出口参与度

表 7－2　出口企业与非出口企业的绩效指标（平均值）比较

类型	logTFP	logLP	资本劳动比	资本产出比	企业规模
出口企业	5.063	3.862	3.443	1.818	2.498
非出口企业	4.798	4.021	2.361	1.955	2.230
全部企业	4.869	3.978	2.389	1.918	2.353

注：LP 为劳动生产率。

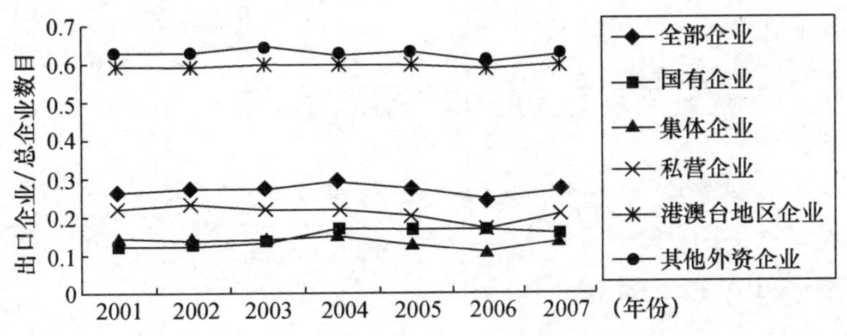

图 7－3　各种所有制企业的出口参与度

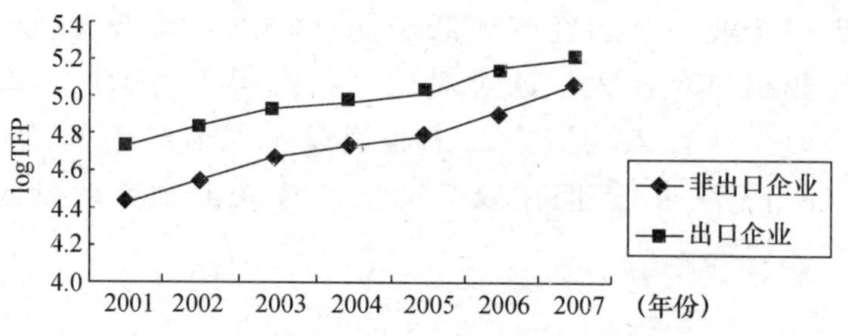

图7-4　出口企业与非出口企业的TFP差异

3. 出口强度与生产率的关系

纯出口企业这一类特殊出口企业的平均生产率水平比一般出口企业的平均生产率水平低（见图7-5）。经测算，纯出口企业个数占出口企业比重为0.326%，但港澳台地区企业的纯出口企业占比最高，达12.8%。纯出口企业的低生产率特征直接影响出口企业的生产率水平，特别是港澳台地区出口企业的生产率。如图7-6所示，通过将出口交货值占比分成5个出口强度等级（1表示20%、2表示40%、3表示60%、4表示80%、5表示100%），并画出出口强度与生产率的关系图，初步可以得出，企业出口强度和生产率呈现倒U型关系，出口强度在40%左右时生产率达到最高水平。

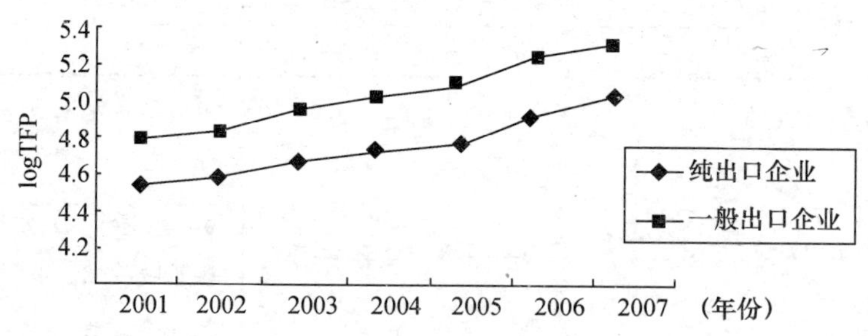

图7-5　纯出口企业与一般出口企业的生产率差异

4. 异质性出口企业的TFP优势比较

本书通过分别控制企业四方面的异质性特征来考察出口企业与非出口企业的TFP差异。基于表7-3有如下发现：一是TFP优势检验结

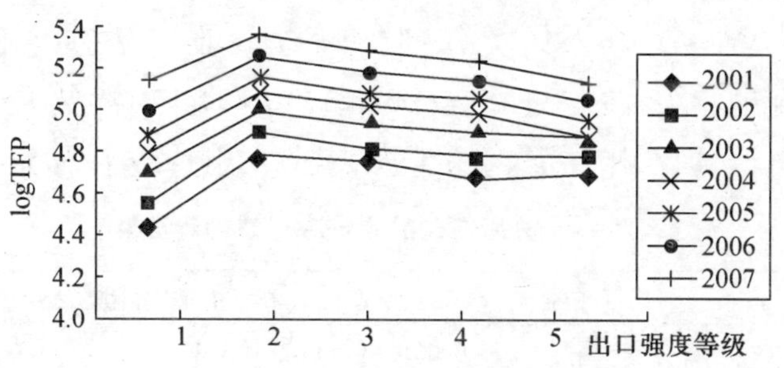

图7-6 出口强度与生产率关系

果全部显示正显著，不加任何控制变量的平均TFP优势幅度为23.6%，说明中国出口企业绩效的增长率高于同期非出口企业。分别控制企业规模、企业所有制、资本密集度和出口强度后，出口企业的TFP仍显著高于非出口企业。本书并未发现出口企业存在“生产率悖论”。二是通过控制异质性进行分位数回归，我们发现资本密集度、所有制类型以及出口强度三方面对出口企业的生产率影响稳定，而企业规模在75%分位数样本出现逆转。由此，本书实证部分将围绕企业资本密集度、所有制类型以及出口强度等异质性展开研究。

表7-3 基于异质性的出口与非出口企业生产率差异比较

TFP优势	样本数	平均值	0.25分位数	中位数	0.75分位数
不加控制变量	1248766	0.236	0.270***	0.235***	0.202***
控制企业规模	1248766	0.019	0.040***	0.018***	-0.001
控制所有制	1248766	0.126	0.140***	0.129***	0.108***
控制资本密集度	1248766	0.235	0.269***	0.234***	0.202***
控制出口强度	1248766	0.473	0.430***	0.473***	0.516***

注：*、**、***分别表示在10%、5%、1%水平上显著。

此外，本书从企业所有制角度对出口静态优势的检验（见表7-4）表明，在控制企业规模、所在地、时间后，除港澳台地区企业外，其他企业都存在出口静态优势，即出口企业的平均生产率高于非出口企业。其中，集体所有制出口企业平均生产率优势幅度最高（6.3% =

100× [exp0.061 -1]），其次分别为国有企业、私营企业和其他外资企业。港澳台地区出口企业的生产率优势幅度系数为负，但不显著。这说明，港澳台地区出口企业的生产率比非出口企业略低。

表7-4 分所有制的生产率优势检验结果

变量	全部企业	国有企业	集体企业	私营企业	港澳台地区企业	其他外资企业
exportstate	0.036***	0.054**	0.061***	0.043***	-0.003	0.023*
	(0.004)	(0.025)	(0.023)	(0.006)	(0.013)	(0.013)
Year	Control	Control	Control	Control	Control	Control
Industry	Control	Control	Control	Control	Control	Control
Area	Control	Control	Control	Control	Control	Control
Constant	3.594***	2.401***	3.007***	4.055***	2.933***	2.634***
	(0.264)	(0.045)	(0.043)	(0.767)	(0.034)	(0.761)
R^2	0.193	0.187	0.173	0.190	0.166	0.156
样本数	680527	41431	53270	297919	66683	66555

注：*、**、***分别表示在10%、5%、1%水平上显著。括号内的数值为标准差。下表同。

第三节 检验结果分析

本书关于自我选择效应的结论稳健且与目前学界已得出的结论趋于一致，故不赘述，重点阐述出口学习效应的进一步检验结论。关于回归模型的选择，我们首先利用F检验来判断采用OLS混合估计模型还是固定效应模型（FE），如果固定效应模型优于混合估计模型，采用Hausman检验来确定使用固定影响模型还是随机影响模型（RE）。根据本书检验结果，得出固定效应模型优于随机效应模型和混合估计模型。另外，我们利用滞后期的回归结果进行稳健性检验。

一、自我选择效应的实证检验

根据样本数据观测企业多、年限相对少的特点，本书自我选择效应的检验采用滞后期生产率对当前出口状态进行回归，并按企业所有制、出口强度以及资本密集度进行分组检验和稳健性检验，结果如表7－5和表7－6所示。

表7－5　基于企业所有制的自我选择效应检验结果

变量	滞后一阶	滞后二阶	滞后一阶				
	全部样本		国有企业	集体企业	私营企业	港澳台地区企业	其他外资企业
exportstate	0.032*** (0.005)	0.028*** (0.005)	0.091*** (0.026)	0.040* (0.024)	0.021*** (0.007)	0.034** (0.014)	0.043*** (0.015)
Control	Yes	Yes	Yes	Yes	Yes	Yes	Yes
R^2	0.119	0.182	0.072	0.082	0.126	0.102	0.117
样本数	689797	288950	42941	54116	300577	67495	67763

表7－6　基于出口强度及资本密集度的自我选择效应检验结果

变量	出口强度					资本密集度			
	(0, 25]	(25, 50]	(50, 75]	(75,100)	100%	[0, 20)	[20, 50)	[50, 80)	[80, 100]
exportstate	0.019*** (0.005)	0.003 (0.006)	0.008 (0.006)	0.010* (0.005)	0.004 (0.008)	0.025*** (0.009)	0.026** (0.011)	0.031*** (0.011)	0.011* (0.011)
Control	Yes	Yes	Yes	Yes	Yes	Yes	Yes	Yes	Yes
R^2	0.119	0.119	0.119	0.119	0.119	0.110	0.098	0.091	0.091
样本数	689797	689797	689797	689797	689797	212342	156263	159979	161213

由表7－5、表7－6可以得出如下结论：一是从全部企业来看，即当期出口企业在出口前的TFP增长率比非出口企业平均高出3.2%，并且滞后二阶的结论具有稳健性。这表明中国出口企业存在自我选择效应，并且不存在生产率在出口前激增的现象。二是基于企业异质性的自我选择效应检验结果存在一定差异。不同所有制出口企业均存在自我选择效应①。企业所有制方面，国有企业出口前TFP优势最大，高达9%，私营企业出口前生产率优势最弱，仅为2.1%，这与我国企业现状相符，国有企业在规模设备以及优惠政策

① 本书未列出各所有制企业滞后二阶的自我选择检验结果。滞后二阶与滞后一阶的检验结果在系数和显著性方面一致，表明各所有制企业在出口前两期内均存在TFP优势。

等方面存在明显优势。不同出口强度企业的自我选择效应系数均为正，但随着出口强度增加，企业自我选择效应系数变小，且逐渐变得不显著。可能的原因是，一方面，进入市场需要支付一定的进入成本，企业生产率的差异会产生自我选择效应，生产率最高的企业才能进入国外市场（Meliz，2003），所以出口企业在整体上表现为高的生产率；另一方面，我国出口强度高的企业主要从事“两头在外”的加工贸易，这类企业并不需要支付进入国外市场的成本，同时国内市场进入的高成本和地区分割现象存在，使不具有生产率优势的企业选择进入国外市场，表现为出口强度高企业生产率低的现象。资本密集度方面，企业自我选择效应系数全部为正，并在5%置信水平下显著。三是进入出口市场的企业在滞后一期和滞后二期的TFP均显著高于同期非出口企业，说明出口前的生产率优势并非只在出口前一年出现。此结论与张杰等（2009）的研究结论“出口学习效应仅存在于企业进入出口市场前一期”有所不同。

二、出口学习效应检验

出口活动能否促进企业TFP的持续提升可以通过对学习效应的检验来研究。表7－7是学习效应检验结果。Start的回归系数为0.0147且显著，表明进入出口市场的第一年，出口企业的TFP相比上年增长约1.47%。Both系数表示持续出口企业的学习效应。滞后一期、二期和三期分别代表持续出口一年、两年和三年（分别对应企业出口的第二年、第三年和第四年）①。由结论可知，企业在持续出口后的前两年不存在生产率优势，即出口后第二年和第三年出口企业生产率分别平均降低约3.39%、1.87%②，说明出口企业持续出口第二年直至第三年，企业TFP呈现下降趋势，但下降幅度有所减少。滞后三期的学习效应由负数转为正数，但不显著，说明企业出口三年后可能获得生产率优势或适应国际市场竞争。可能的原因在于：出口企业新进入国际市场后，需要支付学习成本、市场开拓费用及其他沉没成本等，短期

① 持续出口两年的企业，其学习效应的计算方法为出口第一年和出口第二年的累积学习效应。

② 持续出口第二年的学习效应为－5.26%＋3.39%＝－1.87%。

内表现为投入增加、成本上升和产出效率有所下降，在更长的时间内（出口第四年），出口企业通过出口产品质量提升、市场占有率提高以及国际技术扩散作用等，开始呈现产出效率提升和生产率提高等现象。综合来看，出口企业由出口前TFP优势随时间推移呈现TFP下降趋势，并且这种TFP的下降在持续收窄，在企业进入出口市场的第四年生产率停止下降，表明中国出口企业短期内不存在出口学习效应，长期内的学习效应由于数据年限限制没有定论。

表7－7 滞后三期内的学习效应检验结果

变量	全部样本			滞后一期				
	滞后一期	滞后二期	滞后三期	国有企业	集体企业	私营企业	港澳台地区企业	其他外资企业
Start	0.015*	0.001	0.018	0.028	0.024	0.019	0.021	0.026
	(0.008)	(0.018)	(0.018)	(0.028)	(0.027)	(0.019)	(0.022)	(0.023)
Both	−0.034***	−0.053***	0.005	−0.076*	−0.056*	−0.031**	−0.056**	−0.039
	(0.008)	(0.017)	(0.021)	(0.044)	(0.034)	(0.012)	(0.024)	(0.025)
Stop	−0.046***	−0.038**	−0.014	−0.031	−0.021	−0.019	−0.016	−0.017
	(0.008)	(0.018)	(0.019)	(0.028)	(0.021)	(0.021)	(0.020)	(0.019)
R^2	0.025	0.037	0.039	0.022	0.032	0.046	0.027	0.017
样本数	680527	284936	142280	42941	54116	300577	67495	67763

表7－8为不同资本密集度的企业的学习效应检验结果。我们发现，持续出口一年（滞后一期）的劳动密集型、中度劳动密集型以及中度资本密集型企业的出口学习效应全部显著为负，其中，劳动密集型企业的学习效应为－7.73%，资本密集型企业虽为负但不显著（仅为－2%），表明企业进入出口市场的前两年TFP呈下降趋势，特别是劳动密集型企业下降最快。持续出口两年（滞后二期）的企业学习效应检验结果显示，劳动密集型企业的学习效应仍为负（由－7.73%变为至－10.2%）；资本密集型企业的学习效应开始由负转正，由－2%变为1.35%，但不显著。持续出口三年（滞后三期）的企业学习效应检验结果显示，资本密集型企业的学习效应仍为正（不显著）；中度劳动密集型企业的学习效应系数也开始转为正，由

-3.78%变为1.69%，劳动密集型和中度资本型企业的TFP下降趋势略有减小。我们的结论是：出口企业短期内生产率的下降现象主要是由资本密集度低的劳动密集型企业带来的，依靠劳动力优势进入出口市场的中国企业短期内并不能从出口活动中获得TFP的提升，下降幅度虽有缩减但TFP仍为负增长；资本密集型企业持续出口两年后生产率下降趋势得到遏制。资本密集度高的出口企业能快速扭转由学习成本等带来的生产率负效应。

表7-8 基于企业资本密集度的学习效应检验（自变量为滞后一期TFP）

变量	劳动密集型企业			中度劳动密集型企业			中度资本密集型企业			资本密集型企业		
	一期	二期	三期	一期	二期	三期	一期	二期	三期	一期	二期	三期
Start	0.049*	-0.005	0.009	-0.011	-0.001	-0.005	-0.001	0.024	-0.007	0.011	0.018	0.035
	(0.026)	(0.074)	(0.047)	(0.016)	(0.040)	(0.057)	(0.016)	(0.041)	(0.057)	(0.033)	(0.087)	(0.052)
Both	-0.077***	-0.102	-0.061	-0.045***	-0.038	0.017	-0.046***	-0.052	-0.048*	-0.020	0.014	0.013
	(0.025)	(0.068)	(0.043)	(0.015)	(0.036)	(0.051)	(0.015)	(0.037)	(0.052)	(0.033)	(0.080)	(0.047)
Stop	-0.043*	-0.007	0.008	-0.081**	-0.016	0.022	-0.054***	-0.048	-0.069	-0.044	0.040	-0.007
	(0.024)	(0.066)	(0.042)	(0.015)	(0.038)	(0.054)	(0.015)	(0.039)	(0.055)	(0.032)	(0.097)	(0.054)
R^2	0.029	0.031	0.031	0.028	0.044	0.044	0.026	0.038	0.038	0.022	0.036	0.036
样本数	110317	45904	45904	253241	106077	106077	249679	104618	104618	67290	28337	28337

表7-9为不同出口强度企业的学习效应检验结果。检验结果表明：出口强度高于50%的企业学习效应显著为负，出口强度低于50%的企业学习效应为正。可能的原因是，中国出口强度高的企业大多数为加工贸易企业。根据Fu（2005）的研究，中国加工贸易的出口格局可能是导致出口学习效应不显著的重要原因。对外开放以来，加工贸易在我国取得了迅速发展，加工贸易企业的出口总额占全部出口额的近五成。从总体上看，我国加工贸易的加工环节大都还处于劳动密集型而且技术含量不高，仅有部分高技术、深加工产品的出口，并且这类高技术加工出口产品的增值率较低，加工过程中涉及的高新技术设备和中间投入品等要素仍依赖于进口。这些主要依赖劳动力、土地、政策优惠等优势的出口（Ho等，2005）不仅不能提升出口企业从出口中获得的生产率增长，反而会挤占工业企

业用于提高生产率的资源，抑制工业企业创新的动力，从而阻碍生产率的增长。

表 7-9 基于不同出口强度企业的学习效应检验结果 1

变量	EI2			EI3			EI4		
	一期	二期	三期	一期	二期	三期	一期	二期	三期
Start	-0.009 (-1.01)	-0.011 (-0.73)	-0.024 (-1.08)	0.013 (1.59)	0.010 (0.79)	0.016 (0.88)	0.015* (1.83)	0.011 (0.91)	0.018 (0.99)
Both	0.056*** (-6.25)	0.059*** (-3.66)	0.033* (-2.15)	0.035*** (-4.53)	-0.042*** (-2.88)	0.003 (0.68)	-0.033*** (-4.24)	-0.039*** (-2.75)	0.006 (0.88)
Stop	-0.046*** (-5.84)	-0.045*** (-3.51)	-0.018 (-0.99)	-0.045*** (-5.80)	-0.044*** (-3.40)	-0.013 (-0.74)	-0.045*** (-5.75)	-0.044*** (-3.41)	-0.014 (-0.75)
R^2	0.026	0.053	0.039	0.025	0.052	0.039	0.026	0.053	0.039
样本数	680527	369015	142280	680527	369015	142280	680498	368999	142278

变量	EI5			EI6		
	一期	二期	三期	一期	二期	三期
Start	0.016** (1.96)	0.009 (0.74)	0.020 (1.11)	0.016** (1.96)	0.012 (0.99)	0.021 (1.16)
Both	-0.032*** (-4.12)	-0.042*** (-2.94)	0.009 (0.63)	-0.032*** (-4.12)	-0.038** (-2.63)	0.010 (0.87)
Stop	-0.046*** (-5.60)	-0.044*** (-3.39)	-0.014 (-0.79)	-0.046*** (-5.60)	-0.045** (-3.47)	-0.015 (-0.81)
R^2	0.025	0.052	0.039	0.025	0.053	0.039
样本数	680512	369008	142275	680512	369015	142280

表 7-9 中 EI2 ~ EI6 指出口强度等级，分别指代出口强度(0,25]，(25,50]，(50,75]，(75,100)，100%。

三、吸收能力调节效应检验

本书在拓展模型中纳入出口强度与吸收能力的交互项，以考察吸收能力对出口活动的调节作用，并按所有制样本分类检验，结果如表 7-10 所示。

表 7-10 纳入吸收能力交互项的检验结果

变量	全部企业	国有企业	集体企业	私营企业	港澳台地区企业	其他外资企业
	lnTFP	lnTFP	lnTFP	lnTFP	lnTFP	lnTFP
export1	0.052 *	-0.077	0.544 ***	0.004	-0.031	0.011
	(0.030)	(0.255)	(0.187)	(0.052)	(0.074)	(0.079)
export2	-0.136 ***	-0.294	-0.470 ***	-0.086 **	-0.203 ***	-0.021
	(0.024)	(0.220)	(0.153)	(0.040)	(0.057)	(0.061)
absorb	0.563 ***	0.557 ***	0.520 ***	0.302 ***	0.636 ***	0.495 ***
	(0.015)	(0.065)	(0.061)	(0.024)	(0.059)	(0.062)
exabsorb	0.094 **	0.703 *	0.207	0.216 ***	0.253 ***	-0.073
	(0.040)	(0.380)	(0.256)	(0.079)	(0.095)	(0.103)
Size	Control	Control	Control	Control	Control	Control
Year	Control	Control	Control	Control	Control	Control
常数项	3.607 ***	2.412 ***	3.003 ***	4.036 ***	3.019 ***	2.686 ***
	(0.264)	(0.045)	(0.043)	(0.767)	(0.039)	(0.761)
变量	680527	41431	53270	297919	66683	66555
R^2	0.192	0.187	0.173	0.190	0.168	0.156

注:计量软件为 Stata11.0。*、**、*** 分别表示在 10%、5%、1% 水平上显著。

由表 7-10 可知:第一,全部样本中,交互项系数在 5% 显著水平上为正,表明在同时考虑吸收能力的情况下,随着吸收能力增强,出口强度高的企业生产率更高,即当企业有较强吸收能力时,增加出口才能促进生产率的提升。分所有制样本检验中,其他外资企业中交互项系数为负,可能的原因为其他外资企业平均出口强度在 40% 左右,吸收能力在所有企业中最高,此时生产率已达最高水平,继续扩大出口,生产率会随之下降,且吸收能力的增强不能抵消出口强度增加带来的生产率下降的效应。第二,加入交互项后,出口强度与生产率仍呈现倒"U"型关系,通过计算倒"U"型顶点变化,我们发现经吸收能力调节后的出口强度与吸收能力的倒"U"型曲线的顶点提前,即对于出口强度相同的企业而言,吸收能力越高的企业对应较高的生产率。

由此,我们认为吸收能力对出口活动具有正向调节效用。企业吸收能力越强,增加出口能促进生产率提升;否则,出口强度越高,生产率反而低。

四、吸收能力调节效应稳健性检验

本部分内容通过对出口强度与 TFP 进行分位数回归，以进一步检验二者呈倒“U”型关系，并分所有制样本数据按模型（7－4）进行回归以检验上述结论的稳健性，结果如表 7－11 和表 7－12 所示。

表 7－11　对出口强度与生产率的分位数回归结果

变量	全部样本	分位数回归结果				
	lnTFP	0.2 分位	0.4 分位	0.6 分位	0.8 分位	1.0 分位
lnTFP	－0.002***	－0.004***	－0.002***	－0.003	－0.004	－0.005***
	(－3.6)	(－9.26)	(－3.31)	(－1.34)	(－1.27)	(－5.46)
样本数	124876	85560	37320	33663	39839	141445
R^2	0.056	0.077	0.079	0.094	0.068	0.106

注：本结果 Stata 命令中 bootstrap 值设为 100。

表 7－12　分所有制对出口强度与生产率倒“U”型稳健检验

变量	全部样本	国有企业	集体企业	私营企业	港澳台地区企业	其他外资企业
export1	0.096***	0.253	0.417***	0.103***	0.090	－0.025
	(0.023)	(0.182)	(0.142)	(0.038)	(0.058)	(0.062)
export2	－0.137**	－0.322	－0.470**	－0.085**	－0.205**	－0.0206
	(0.024)	(0.219)	(0.153)	(0.040)	(0.057)	(0.061)
absorb	0.578***	0.582***	0.504***	0.324***	0.739***	0.466***
	(0.014)	(0.064)	(0.059)	(0.023)	(0.045)	(0.047)
Size	Control	Control	Control	Control	Control	Control
Year	Control	Control	Control	Control	Control	Control
常数项	2.691***	2.404***	3.011***	4.039***	2.970***	2.691***
	(0.761)	(0.045)	(0.043)	(0.767)	(0.034)	(0.761)
样本数	66555	41431	53270	297919	66683	66555
R^2	0.156	0.187	0.173	0.190	0.168	0.156

注：计量软件为 Stata11.0。*、**、*** 分别表示在 10%、5%、1% 上显著。括号内的数值为标准差。

表 7－11 给出了以出口强度为因变量，TFP 为自变量的分位数回归结果。由结果可知，出口强度与生产率的关系为非线性关系，通过比较回归系数的 e 次幂可知，出口强度在 0.4 分位数水平上的生产率高于

0.2 分位数的生产率，低于 0.6 分位数水平的生产率水平。我们发现出口强度与生产率确实呈倒"U"型关系。

检验结果显示，全部所有制企业的出口强度平方项系数全为负，其中国有企业和其他外资企业不显著，表明出口强度与生产率水平呈倒"U"型，出口强度较低时，随着出口增加，生产率优势水平增加，当出口强度达到40%左右，生产率水平达到最大值，此后，生产率优势幅度随着出口强度的增加而降低。

第四节　本章小结

本书基于大样本企业面板数据对出口活动的自我选择效应和学习效应的进一步检验得出以下几点结论：一是我国出口企业的 TFP 高于非出口企业，即出口企业存在生产率的静态优势。二是在整体上，存在生产率优势的国内出口企业选择进入出口市场，即出口企业存在自我选择效应。并且这种效应对于各种所有制企业和不同资本密集度的企业都存在。在考虑国内外市场进入成本的情况下，高生产率、低出口强度的企业选择同时进入两个市场，表现出明显的自我选择效应，低生产率、高出口强度的企业则选择进入国外市场，不存在生产率的自我选择效应。三是中国出口企业在持续出口两年内都存在生产率下降现象，即出口企业短期内不存在学习效应。但这种生产率下降趋势在不断收窄，并且在持续出口三年内生产率下降趋势得到遏制。其中，资本密集度高的企业在持续出口两年后 TFP 得到提升，资本密集度低的出口企业 TFP 则不断下降；出口强度低于 50% 的企业学习效应为正，高于 50% 的企业学习效应为负。四是出口企业的出口强度与生产率水平呈倒"U"型关系，且纯出口企业的生产率水平低于其他出口强度的生产率水平。五是企业吸收能力不仅与生产率正相关，同时对出口强度与生产率的关系具有正向调节效应，当企业具有较强吸收能力时，扩大出口强度能促进生产率的提升。

第八章 基于珠三角制造业企业调查问卷的实证分析

由于不同类型的知识溢出等变量很难在统计数据中获得相应指标，微观企业统计数据库中也缺乏 R&D 投入等连续性的时间序列数据，本章采用调查问卷的方式获取数据，来考察吸收能力、不同类型的知识溢出对本土供应商创新绩效的影响。

第一节 调查数据分析

本书采用调查问卷的方式获取数据。调查问卷①的程序经过了问卷试访、立意抽样、问卷发放和调查阶段。在问卷试访阶段，选取了广州和惠州 4 家企业进行调查。在听取反馈意见后对问卷进行了完善。本问卷采用立意调查，即研究者从总体中选择最能代表总体的单位作为样本的抽样方法。其优点在于，研究者能获得代表性较高的样本。珠三角地区是国内引进外资最早的区域之一，珠三角地区外资企业对本土企业的溢出效应基本能反映全国特别是先进地区的状况。我们选择珠三角主要城市为调查区域，调查对象为跨国公司供货的国内制造业企业，包括国有企业、集体所有制企业、外资企业以及私营企业。2010 年 9 月为问卷的试访阶段，正式问卷调查时间为 2010 年 9 月至

① 调查问卷见附 4。

2010 年 12 月。为了获得更多有效样本，我们委托了政府有关职能部门、银行信贷部门及行业协会发放和回收问卷。本次调查共发放问卷 500 份，回收问卷 390 份，其中有效问卷 272 份，有效问卷回收率为 54.4%。调查方式包括上门调查和发送邮件。

一、样本企业基本情况的描述性统计

本部分以调查所获得的 272 个有效样本数据为基础，通过分析样本的数量特征，推断总体的综合数量特征。

1. 样本企业的区域分布

样本企业在各个地区的分布如表 8－1 所示。272 个样本企业主要分布在深圳（占 34.6%）、东莞（占 16.2%）、惠州（占 13.2%）、广州（占 12.1%）和中山（占 11%）等。这些城市为珠三角核心城市，拥有的企业数目和制造业产值规模排在全省前列，这种分布情况比较符合现实情况。

表 8－1 供应商的分布情况

地区	样本数（个）	百分比（%）	累计百分比（%）
深圳	94	34.6	34.6
东莞	44	16.2	50.7
惠州	36	13.2	64.0
广州	33	12.1	76.1
中山	30	11.0	87.1
珠海	19	7.0	94.1
佛山	9	3.3	97.4
肇庆	7	2.6	100
合计	272	100	

2. 样本企业的所有权情况

在本次调查中，涉及的企业所有权性质及分布情况如图 8－1 所示。

由图 8－1 可以看出，与外资企业合作的有 93.1% 为非国有企业和集体所有制企业，其中，私营企业占 50.0%，港台地区企业占 30.5%，是外资客户的主要合作对象。可见，港台地区企业和外资企业

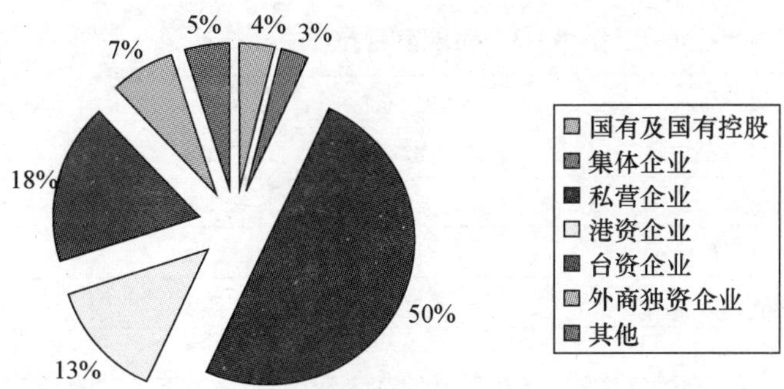

图8－1 供应商所有权性质的分布情况

占较大比重，说明外资客户在选择供应商时可能倾向于企业文化相近、组织结构较完善以及管理水平较高的企业。

3. 样本企业的生产类型

如表8－2所示，样本企业有54.4%是成品制造商，39.3%是零部件制造商，4.4%为原材料供应商，销售商或代理商仅占1.8%。样本分布符合调查对象为提供制造业成品的供应商的要求。同时，样本数据显示，珠三角供应商以零部件供应商和成品供应商为主。

表8－2 供应商的生产类型

	频数（个）	百分比（%）	累计百分比（%）
原材料供应商	12	4.4	4.4
零部件制造商	107	39.3	43.8
成品制造商	148	54.4	98.2
销售商或代理商	5	1.8	100

4. 样本企业生产的主要产品

样本企业生产的主要产品涉及16个行业。其中，生产制造通信设备、计算机及其他电子产品的企业居多，占30.1%；其次是金属制品企业及电气机械及器材，分别占18.8%、12.9%。样本分布情况符合珠三角产业发展状况。据《广东统计年鉴（2012）》数据，珠三角制造业产值比重排前两位的产业为计算机、通信和其他电子设备制造业，电气机械和器材制造业（见表8－3）。

表8－3　供应商生产的主要产品

主要产品	样本数（个）	百分比（%）	累计百分比（%）
通信设备、计算机及其他电子	82	30.1	30.1
专业设备	8	2.9	33.1
通用设备	14	5.1	38.2
仪器仪表及办公机械	6	2.2	40.4
交通运输设备	6	2.2	42.6
电气机械及器材	35	12.9	55.5
纺织服装、鞋、帽、皮革制品	23	8.5	64.0
非金属矿物制品	4	1.5	65.4
金属制品	55	18.8	84.2
食品饮料	5	1.8	86.0
橡胶制品	3	1.1	87.1
塑料制品	8	2.9	90.1
化学原料及化学制品	5	1.8	91.9
医药制品	4	1.5	93.4
玩具	2	0.7	94.1
家具	6	2.2	96.3
其他	10	3.7	100
合计	272	100.0	

5. 样本企业所处位置

调查结果显示，位于工业园内的企业占65.1%，位于经济技术开发区内的企业占14.7%，位于高新技术开发区内的企业占12.5%，位于出口加工区内的企业占4%（见图8－2）。这说明样本企业大多数位于园区内。一般来说，各类园区能为企业提供配套设施、公共服务平台等，园区的企业集聚发展形成上、下游产业链，便于企业采购中间品和寻找客户。

6. 样本企业规模

从样本企业的年销售额来看，大多数企业为规模以上企业，89.3%的企业销售额在500万元以上（见表8－4）。其中样本企业占外商投资企业有约60%属于大中型企业，年平均销售额超过3000万元，员工人数量超过300人（见表8－5）。

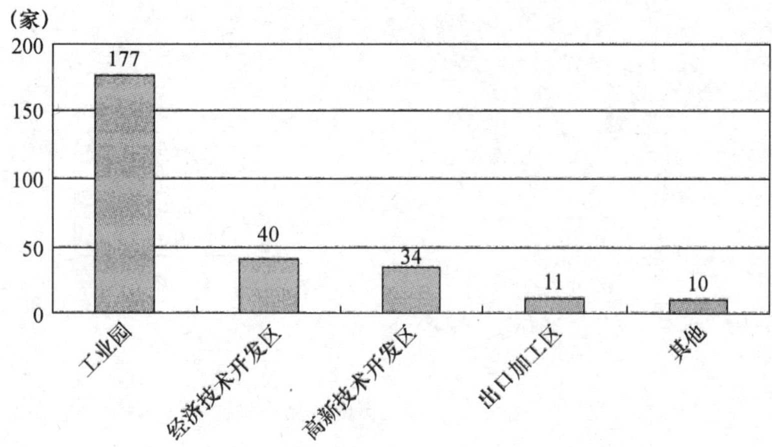

图 8－2 供应商坐落位置分布情况

表 8－4 供应商近两年平均销售额情况

平均销售额	样本数（个）	百分比（%）	累计百分比（%）
<500 万元	29	10.7	10.7
500 万～1000 万元	39	14.3	25.0
0.1 亿～1 亿元	85	31.3	56.3
1 亿～10 亿元	83	30.5	86.8
>10 亿元	33	12.1	98.9
不清楚	3	1.1	100

表 8－5 供应商员工人数

企业员工数量（人）	样本数（个）	百分比（%）	累计百分比（%）
<300	121	44.5	44.5
300～2000	112	41.2	85.7
>2000	39	14.3	100

7. 样本企业的产品市场

如图 8－3 所示，所调查的企业当中，仅有约 3% 的企业生产产品全部在国内销售，有 97% 的企业有国外市场。可见，大多数企业有开拓国际市场、与外资客户合作的经验。

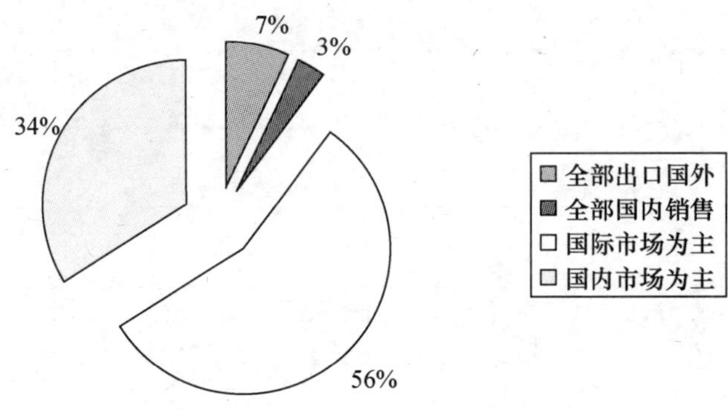

图 8－3　供应商的产品市场

8. 样本企业研发投入情况

调查结果显示，仅有 3.3% 的企业没有设立专门的研发机构或培养专门的开发技术人员（见表 8－6）。

表 8－6　供应商 R&D 机构及 R&D 人员情况

	样本数（个）	百分比（%）	累计百分比（%）
拥有专门的 R&D 机构	54	19.9	19.9
用专门的 R&D 技术人员	116	42.6	62.5
专门的 R&D 机构和技术人员都有	93	34.2	96.7
两者都没有	9	3.3	100
合计	272	100	

从样本企业数据来看，87.5% 的企业 R&D 经费占销售收入比重在 5% 以上，大部分企业 R&D 投入比例在 5%～30%（占 81.6%），少数企业（占 4%）R&D 投入比例高达 4%（见表 8－7）。

表 8－7　供应商 R&D 经费占销售收入的比例

投入比例	样本数（个）	百分比（%）	累计百分比（%）
<5%	34	12.5	12.5
5%～15%	127	46.7	59.2
15%～30%	95	34.9	94.1
30%～50%	11	4.0	98.2
>50%	5	1.8	100

9. 企业与外资客户签订的供货合同年限

调查数据显示，47.4%的企业与外资客户没有固定的供货年限，9.6%的企业与客户也仅是短期的合作关系，3~5年较长合同年限的占近7%（见表8-8）。

表8-8　供货合同年限

年限	样本数（个）	百分比（%）	累计百分比（%）
1年以内	26	9.6	9.6
1~3年	98	36.0	45.6
3~5年	19	7.0	52.6
没有固定年限	129	47.4	100

10. 外资客户的来源地

样本企业中，47.8%的企业拥有来自亚洲国家的外资客户，其中，23.9%的企业拥有日本客户，36.8%的企业拥有港澳台地区客户，拥有欧盟客户（占41.5%）和美国客户（占38.2%）的企业也占相当比重（见图8-4）。由于地理位置优势，国内企业较多地与港澳台地区企业以及亚洲国家特别是日本企业开展合作。但随着全球化的深入，国内制造业企业技术水平的不断提升，国内企业逐渐拥有欧盟和美国地区的外资客户，这更有利于从技术先进企业学习中获得外溢知识，推动国内供应商技术水平和生产率提升。

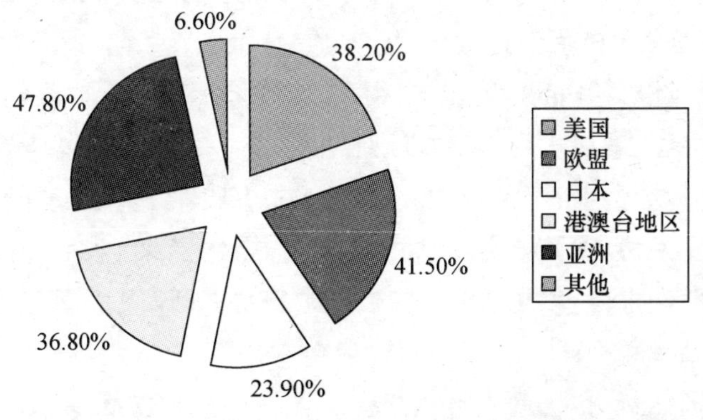

图8-4　供应商的外资客户的来源地分布

二、样本企业获得的支持

1. 已获得的政府支持

调查数据显示，样本企业获得的政府支持政策包括政策性贷款、税收减免、土地优惠转让、科技资金支持、技术培训、人才引进政策、优先采购、信息服务等。具体情况如表8－9所示。

表8－9 供应商获得政府帮助的情况

企业所获帮助	比例（%）	企业所获帮助	比例（%）
政策性贷款	48.9	税收减免	76.5
土地优惠转让	41.9	科技资金支持	21.7
技术培训	42.6	人才引进政策	36.0
优先采购	6.6	信息服务	59.6

对企业而言，最大限度地节约成本是增加利润的重要原因，而政策给企业直接减少成本的举措主要有3项，分别是政策性贷款、土地优惠转让以及税收减免。从表8－9可以看出，有76.5%的企业曾获得税收减免的帮助。对于企业而言，税收减免政策有利于企业降低生产成本，能较大限度地鼓励企业的经营发展。分别有48.9%和41.9%的企业获得政策性贷款和土地优惠转让的帮助，这些在很大程度上满足了企业设厂的需要以及资金流通的需要。

此外，有59.6%的企业曾获得政府提供的信息服务，42.6%的企业获得政府提供的技术培训。这表明政府对企业的技术发展以及信息获取都提供比较大的帮助。

相对于上述较多企业容易获得的5项政策而言，政府在优先采购、科技资金支持以及人才引进政策上，对企业的帮助和扶持程度显得不足。仅有36%的企业享受政府的人才引进政策，大部分企业较少利用到政府的相关人才政策。21.7%的企业获得了来自政府的科技资金支持。仅有6.6%的企业表示政府有对其产品进行优先采购。

2. 对政府的希冀

对于企业的发展，人才很重要。由于在政府的支持当中，对人才的引进并没有太大的投入力度，有73.2%的企业表示希望政府进一步完善人才引进政策和加强人才培训（见表8－10）。人才引进政策主要集中在企业技术领军人物、高管、技术人员等安家落户、子女入学、人才奖励等措施上。75.7%的企业认为应由政府牵线搭桥，帮助内资企业寻找合适商机。在与外商客户特别是大型跨国公司建立合作关系的过程中，内资企业通常处于被动地位，较难获得外商客户的信任和订单。通过政府的引导和搭建的平台，一方面可以增加企业的主动性；另一方面使内资企业处于有利地位，而非一味地做被动决策。此外，有57.4%的企业认为政府应引导横向同类企业建立协作关系，扩大行业规模与增强行业竞争力。在与外商客户合作过程中，也易于处于有利位置。57%的企业认为政府应为内资企业进行担保，并帮助其与外资厂商进行合作谈判。政府的担保，有利于增强外商对企业的信任度，有利于促进外商与内资企业的投资合作。由于企业与客户之间的信息不对称，企业有可能在合作谈判中处于不利位置，得不到应有的回报。通过政府的出面谈判，可以有效解决这一问题。对于政府的举措，还包括引进配套企业以及引进和培育大型成品制造商企业。另外，大多数企业希望政府加强知识产权保护，推广宣传集群品牌，组织建立联盟标准，建立和完善技术创新、产品研发等公共平台，加强和完善咨询、认证、技术服务、法律服务、融资担保、商贸物流等公共服务平台建设，改善交通基础设施，提高生活便利度。

表8－10 供应商希望政府出台的政策

政府的政策和行动	比例（%）	政府的政策和行动	比例（%）
人才引进和培训	73.2	推广宣传集群品牌、联盟标准	51.8
交通设施、生活娱乐设施建设	51.5	环境保护，汙水处理和废物处理	54.0
打击假冒伪劣商品，保护知识产权	45.6	技术创新、产品研发等公共平台	56.3
咨询、认证、技术服务、法律服务、融资担保、商贸物流等公共服务平台建设	54.8	—	—

三、调查问卷填写者的基本资料

调查问卷填写者的基本资料包括以下几项：一是问卷填写者在公司的主要负责事项；二是问卷填写者的职务；三是问卷填写者的工作时间。详细情况如表8－11、表8－12和表8－13所示。

表 8-11 问卷填写者的主要业务工作

主要负责	比例（%）	主要负责	比例（%）
综合管理	45.2	市场营销	18.0
技术设计开发	12.1	生产制造	15.1
财务	3.7	采购	1.8
报关	0.7	品质管理	1.1
物流	0.4	其他	1.8

表 8-12 问卷填写者的职务

职位	高层管理者	中层管理者	基层管理者	普通员工
比例（%）	34.6	47.8	13.6	4.0

表 8-13 问卷填写者的工作时间

工作时间	不到 1 年	1~3 年	3~5 年	5~10 年	10 年以上
比例（%）	2.6	18.8	16.5	35.3	26.8

表 8-11、表 8-12 和表 8-13 数据显示，仅有 2.6% 的问卷填写者在该企业的工作不到 1 年，绝大多数问卷填写者在企业的工作时间在 1 年以上，对所在企业有一定的了解；4.0% 的问卷填写者是企业的普通员工，被访者大都属于管理层人员（占 96%），对企业的经营管理状况有一定了解，一定程度上保证了问卷调查的质量。从问卷填写者的工作岗位、职务以及工作年限的分布来看，问卷的填写有较高的可信度，所得数据能反映企业基本情况。

第二节 模型、变量与数据

一、模型设定

本书使用以下模型来估计知识溢出和吸收能力对供应商创新绩效的影响，如式（8-1）至式（8-5）所示。

$$INE = c + \alpha_1 SEK + \alpha_2 AC + \alpha_3 X \quad (8-1)$$

$$INE = c + \alpha_1 SEK + \alpha_2 AC \times SEK + \alpha_3 AC + \alpha_4 X \quad (8-2)$$

$$INE = c + \alpha_1 STK + \alpha_2 AC + \alpha_3 X \quad (8-3)$$

$$INE = c + \alpha_1 STK + \alpha_2 STK \times AC + \alpha_3 STK + \alpha_4 X \quad (8-4)$$

$$INE = c + \alpha_1 SEK + \alpha_2 SEK \times AC + \alpha_3 STK + \alpha_4 STK \times AC + \alpha_5 X \quad (8-5)$$

其中，INE 为创新绩效，SEK 为显性知识溢出，STK 为隐性知识溢出，AC 为吸收能力，c 为常数，X 为控制变量。交叉项 SEK × AC 和 STK × AC 是为了考察吸收能力对知识溢出和创新绩效的调节效应。

二、变量定义

1. 知识溢出

根据前面的分析，我们把跨国公司对本土供应商的知识溢出分为显性知识溢出（SEK）和隐性知识溢出（STK）。显性知识溢出测度指标为 3 个，包括供货合同中对运营管理制度、认证以及产品更新速度的规定，授权使用的专利技术，相关文件中关于产品设计、制造和工艺的信息。Polanyi（1966）最早区分了显性知识和隐性知识，并指出由于隐性知识的难以言传使其度量变动困难。对知识溢出的早期研究大多忽视了隐性知识溢出（Feldman、Audretsch，1999）的测量。我们结合前人的研究（Norman，2004；Fallah、Ibrahim，2004；魏江，2003），把隐性知识测度指标归纳为 4 个，包括对供应商企业技术人员及操作工人的培训、指导，在设计、技术和产品开发方面提供的帮助，联合培养技术 R&D 人员，中高级管理人员之间的互访。各指标采用李克特 5 级度量方法。显性知识溢出和隐性知识溢出分别利用各指标数值的算术平均值。

2. 吸收能力

对企业吸收能力的测度通常从研发经费、人力资本和知识管理等维度展开。由于很难获得准确的数据，我们利用供应商针对客户的要求能迅速反应并改进工艺设备、获得新技术，迅速反应并开发新产品，R&D 合作的情况来反映企业在 R&D 和人力资本方面吸收外部知识的能力。知识管理方面测度指标包括企业内部经常进行知识交流和信息共享，与客户的主动交流情况。吸收能力采用了五个指标数值的算术平均值。

3. 创新绩效（INE）

我们在 Erik（2000）和 Negassi（2004）的基础上，将创新产出分为四方面，并利用 4 个主观测度指标来综合反映创新绩效，包括生产工艺改进和产品质量提高的程度、产品开发设计能力增强的程度、市场营销能力提高的程度、企业绩效提高的程度。创新绩效同样采用各指标数值的算术平均值。

以上测度指标采用李克特 5 级度量方法测量，针对不同的题项根据企业的实际情况分别从 1 ~ 5 选择打分。例如，5 分表示“非常同意”或“非常大”，1 分表示“非常不同意”或“非常小”。

4. 其他变量

控制变量主要采用企业规模变量。我们按照企业近两年的平均销售额把企业规模分为 1 ~ 5 个等级，分别为小于 500 万元、500 万 ~ 1000 万元、0.1 亿 ~ 1 亿元、1 亿 ~ 10 亿元、10 亿元以上。同时，我们根据企业特征进行分类，在实证分析部分中做分组估计并进行比较。根据供应商提供产品的类型，分为中间产品供应商（含原材料供应商和零部件供应商）、成品供应商以及销售商（或代理商）。根据供应商产品主要销售市场，分为国内市场导向和出口市场导向。根据供应商生产的主要产品，结合企业近两年投入 R&D 经费的比重，将企业分为劳动密集型和技术密集型。根据企业所有权类型，将企业分为私营企业、内资非私营企业以及外商投资企业（含港澳台地区企业）。

三、样本与数据处理

从样本企业的基本情况来看，样本以深圳（占 34.6%）、东莞（占 16.2%）和广州（占 12.1%）企业为主；63% 的企业市场为出口导向型，7% 的企业产品全部销往国外；样本企业近三年平均销售额小于 500 万元的企业占 10.1%，小于 1 亿元的占 56.3%。相关变量的描述性统计特征见表 8 – 14。

表 8-14 相关变量的描述性统计特征

	样本数	均值	标准差	最小值	最大值
创新绩效（INE）	271	3.943	0.588	2.000	5.000
显性知识溢出（SEK）	271	4.005	0.719	1.667	5.000
隐性知识溢出（STK）	271	2.880	0.769	1.000	5.000
吸收能力（AC）	271	2.337	0.390	1.000	2.857
公司规模（X）	271	3.421	0.878	1.000	5.000

为研究吸收能力的调节效应，我们在计量回归模型中引入吸收能力与显性知识溢出以及隐性知识溢出的交乘项。由此，因变量SEK、STK和调节变量AC与交乘项后SEK×AC、STK×AC之间会产生多重共线性问题，从表8-15中各变量之间的Pearson相关系数可以看出知识溢出两个因变量与交叉项的系数高达0.866和0.610。根据温忠麟等（2005）的研究认为，在做调节效应分析时，通常要将自变量和调节变量做中心化变换①，即变量减去其均值。从表8-16来看，经中心化处理后交叉项和因变量以及调节变量之间的相关性明显减弱。如知识溢出两个因变量与交叉项的系数大大减少，并变得不显著。

表 8-15 变量相关系数

变量	1	2	3	4	5	6	7
INE	1.000						
AC	0.492***	1.000					
SEK	0.377***	0.525***	1.000				
STK	0.302***	0.216***	0.275***	1.000			
AC×SEK	0.505***	0.866***	0.871***	0.277***	1.000		
AC×STK	0.468***	0.610***	0.464***	0.894***	0.613***	1.000	
Size	0.119***	0.243***	0.382***	-0.016	0.362***	0.116**	1.000

注：*、**、***分别表示在10%、5%、1%水平上显著。

① 中心化是一种线性变换，它不会改变各变量与被解释变量之间的相关性。

表 8-16　经中心化处理的变量相关系数

变量	1	2	3	4	5	6	7
INE	1.000						
AC	0.492***	1.000					
SEK	0.377***	0.525***	1.000				
STK	0.302***	0.216***	0.275***	1.000			
AC×SEK	0.087	-0.023	-0.044	-0.046	1.000		
AC×STK	-0.052	-0.303***	-0.046	-0.006	0.349***	1.000	
Size	0.119***	0.243***	0.382***	-0.016	0.037	0.083	1.000

注：*、**、***分别表示在10%、5%、1%水平上显著。

四、效度和信度分析

为保证数据的有效性，本部分使用Spss13.0软件对问卷数据进行了信度与效度检验。采用Cronbach's α系数来检验内部一致性信度，该系数越大表示条目间相关性越好。一般而言，α大于0.8表示内部一致性极好，α在0.6~0.8表示较好，而α低于0.6表示内部一致性较差。我们采用主成分分析方法对问卷的内容效度进行检验，以考察所选题项是否能代表要测量的内容。在进行主成分分析之前，首先要对有效样本数据进行KMO抽样适当性检验和Bartlett球形检验，KMO检验系数大于0.5（S巴特利特球体检验的x^2统计值的显著性概率），P值小于0.05时，问卷才有结构效度，才能进行主成分分析。在主成分分析中，进行Varimax方差正交旋转，然后提取因子后，看主因子解释总变异的百分比和个因子的因子载荷，主因子解释总变异一般若大于60%和各因子载荷大于0.5的通过效度检验。可以根据主成分分析合并测试题项，归纳为一个因子进行后续研究。

由表8-17可以看出，各测试题项的Cronbach's α系数大于0.57，部分量表和整体量表的Cronbach's α系数大于0.7，表明本问卷数据具有较好的内部一致性信度。本部分进行主成分分析之前对KMO抽样适当性和Bartlett球形进行的检验，KMO检验系数大于0.5（巴特利特球体检验的x^2统计值的显著性概率），P值小于0.05，表明可以进行主成分分析。主成分分析的结果表明，各因子载荷均大于0.5，累计主成分方差贡献率为67%，表明通过结构效度和内容效度检验。最后，根据各个共同因子所涵盖的题项指标，将共同因子依次命名为创新绩效、显性知识溢出、隐性知识溢出和吸收能力。

表8－17　变量的效度和信度分析

变量	题项	描述性统计		因子载荷系数	Cronbach's α系数	主成分方差贡献率（%）	部分 Cronbach's α系数	整体 Cronbach's α系数
		均值	标准差					
创新绩效	设计能力	4.12	0.817	0.649	0.782	16.14	0.808	0.861
	营销能力	4.08	0.792	0.791	0.722			
	素质提高	3.75	0.773	0.722	0.791			
	绩效改善	3.86	0.729	0.820	0.740			
显性知识溢出	制度要求	4.24	0.941	0.749	0.654	13.03	0.711	
	更新要求	3.92	0.846	0.655	0.589			
	技术要求	3.86	0.923	0.758	0.622			
隐性知识溢出	使用专利	2.99	1.085	0.772	0.812	18.14	0.843	
	设计信息	3.34	1.147	0.824	0.797			
	帮助技术	3.10	1.067	0.823	0.783			
	产品开发	3.27	1.128	0.806	0.813			
吸收能力	反应新技术	4.08	0.921	0.641	0.790	19.03	0.823	
	反应新产品	4.17	0.800	0.739	0.785			
	研发合作	3.88	0.865	0.765	0.766			
	人员培养	3.66	1.051	0.811	0.781			
	工作互访	4.00	0.876	0.571	0.815			

第三节　检验结果分析

一、分组检验回归结果

表8－18中回归8.1的结果是考虑了异方差和多重共线性的检验结果。可以看出，显性知识溢出的系数显著为正，并且在5%的水平

上显著。隐性知识溢出的系数为正，并在1%的水平上显著。隐性知识溢出的系数略大于显性知识溢出的系数，吸收能力系数也为正显著。这说明，从全部样本来看，企业的创新绩效水平受外资客户显性知识溢出的影响，通过显性知识的溢出可以促进企业技术改进、产品开发等，从而促使创新绩效提高；外资客户对内资供应商企业的技术指导、人员培训以及企业之间交流互访有利于隐性知识溢出，不可言传的隐性知识通过内部化，同样可以提升企业的创新绩效；另外，内资企业的吸收能力直接影响企业创新绩效的大小。

表8-18 基于供应商特质的模型检验结果1

被解释变量	全部样本	成品供应商	原材料供应商	出口导向	国内市场导向
	回归8.1	回归8.2	回归8.3	回归8.4	回归8.5
AC	0.348***	0.404***	0.261***	0.398***	0.294***
	(6.38)	(6.25)	(3.00)	(5.41)	(3.61)
SEK	0.113**	0.139**	0.171*	0.062	0.253**
	(2.00)	(2.21)	(1.66)	(0.91)	(2.43)
STK	0.123***	0.038	0.214***	0.052	0.213***
	(3.34)	(0.79)	(3.68)	(1.10)	(3.55)
Size	-0.016	-0.052	-0.015	-0.033	-0.035
	(-0.40)	(-1.06)	(-0.25)	(-0.65)	(-0.50)
Cons	4.003***	4.169***	3.947***	4.089***	4.032***
	(28.58)	(23.10)	(18.51)	(22.10)	(17.70)
样本数	271	147	119	172	99
R^2	0.293	0.380	0.317	0.268	0.373
R^2_a	0.282	0.362	0.293	0.251	0.346
F值	27.545	21.741	13.235	15.322	13.965

注：*、**、***分别表示参数在10%、5%、1%水平上显著，括号内数字为异方差稳健T统计值。

按照供应商提供产品类型，我们进行分组检验，结果显示在回归8.2和回归8.3中。成品供应商的吸收能力以及显性知识溢出的回归系数仍然为正显著，但隐性知识溢出不明显。相比较，零部件和原材料供应商的三个变量的回归系数仍未正向显著。成品供应商主要为外资客户提供成品，我们称为（委托代工 OEM）企业或代工企业。以苹果公司及其代工厂为例，我们来分析成品供应商吸收知识外溢的情况①。苹果公司的主要代工厂集中在中国的苏州、广州和东莞等地，其选择供应商的标准相当高。首先，苹果公司会对代工厂进行全面考察，工厂要求安装 SAP 系统，流水线要具有不断扫码能力。其次，苹果公司会深入生产过程的每个环节，苹果公司派驻的工程师在现场及时与代工厂负责人沟通，严格控制产品质量，并提供技术、工艺等方面的支持和帮助。最后，从代工厂厂房的规划建设、工人培训、生产监控使用的硬件和软件、原材料等，苹果公司都会提出建议或规定。除此以外，苹果公司在环境保护、职业健康和劳工权益等方面会对供应商提出要求。毫无疑问，苹果公司的严格细致使代工厂生产出了高质量产品，也大大提高了代工厂的生产水平。但这些代工厂只是品牌商的“牵线木偶”而已。与此同时，苹果公司要求代工厂所有人员签订“保密协议”，从产品图纸到人员管控流程，特别是产品外观，都不能有丝毫泄露。相比较，零部件和原材料供应商更可能获得外资客户在技术指导、人员培训等方面的指导，隐性知识溢出也表现为显著。

按照供应商产品的市场导向，我们进行分组检验，结果显示在回归 8.4 和回归 8.5 中。国内市场导向供应商的吸收能力、显性知识溢出以及隐性知识溢出的回归系数均为正显著，但出口导向供应商的显性知识溢出和隐性知识溢出均不显著。原因可能是珠三角不少出口导向型企业主要从事加工贸易，加工贸易的加工环节大都还处于劳动密集型而且技术含量不高，仅有部分高技术、深加工产品的出口，并且这类高技术加工出口产品的增值率较低，加工过程中涉及的高新技术设备和中间投入品等要素仍依赖于进口。这种“大出大进”使其与跨国公司客户之间虽然存在物质联系，但缺乏知识流动和知识共享，也就难以发挥溢出效应。从总体上看，我国这些主要依赖劳动力、土地、政策优惠等优势的出口（Ho 等，2005）不仅不能提升出口企业从出口中获得外资客户的外溢知识，反而会挤占工业企业用于提高生产率的资源，抑制工业企业的创新动力，从而阻碍创新。

① 案例素材来自新闻报道《苹果中国代工厂调查：光环背后艰难生存》。

按照供应商生产产品的类型，我们把供应商分为技术密集型和劳动密集型进行分组检验，结果显示在回归8.6和回归8.7中（见表8－19）。技术密集型供应商的吸收能力、显性知识溢出以及隐性知识溢出的回归系数均为正显著，但劳动密集型供应商的显性知识溢出不显著而且为负。这说明，技术密集型企业相比劳动密集型企业更可能从外资客户中获得外溢知识。回归8.8、回归8.9和回归8.10分别为内资非私营企业；私营企业以及外资企业的检验结果。可以看到，私营企业和外资企业的吸收能力对创新绩效表现出正向促增作用，隐性知识溢出也有利于创新绩效提高。相比较，内资非私营企业吸收能力作用不明显。

表8－19　基于供应商特质的模型检验结果2

被解释变量	技术密集型企业	劳动密集型企业	内资非私营企业	私营企业	外资企业
	回归8.6	回归8.7	回归8.8	回归8.9	回归8.10
AC	0.271*** (3.57)	0.395*** (4.97)	0.176 (0.87)	0.226*** (2.91)	0.427*** (4.88)
SEK	0.258*** (3.11)	－0.048 (－0.60)	0.547** (2.09)	0.099 (1.29)	0.012 (0.13)
STK	0.150*** (2.90)	0.126** (2.23)	－0.257** (－2.74)	0.144*** (2.77)	0.288*** (4.25)
Size	－0.013 (－0.23)	－0.045 (－0.80)	0.053 (0.56)	－0.019 (－0.32)	－0.007 (－0.11)
Cons	3.976*** (18.52)	4.075*** (21.56)	3.678*** (10.08)	4.044*** (20.23)	3.873*** (16.25)
样本数	158	113	34	135	101
R^2	0.346	0.246	0.633	0.189	0.441
R^2_a	0.329	0.218	0.583	0.164	0.418
F值	20.252	8.823	12.518	7.549	18.945

注：*、**、***分别表示参数在10%、5%、1%水平上显著，括号内数字为异方差稳健T统计值。

二、吸收能力调节效应检验结果

表8－20是吸收能力影响创新绩效和知识溢出的计量检验结果。

在全部样本的回归 8.11 和回归 8.13 检验结果中，显性知识溢出和隐性知识溢出以及吸收能力的回归系数都为正，而且在 1% 或 5% 的水平上显著。这说明跨国公司对供应商的知识溢出有利于其技术创新，同时吸收能力对创新绩效存在正向促进作用，即直接的“促增效应”。在回归 8.12 和回归 8.14 中，显性知识溢出和隐性知识溢出与吸收能力交叉项的回归系数也都为正，并且分别在 5% 和 10% 的水平上显著；同时，相比不加入交叉项的回归模型，拟合度有所提高。这说明吸收

表 8－20　吸收能力调节效应检验模型

	回归 8.11	回归 8.12	回归 8.13	回归 8.14	回归 8.15	回归 8.16
AC	0.365*** (6.99)	0.366*** (6.80)	0.396*** (8.08)	0.427*** (8.20)	0.348*** (6.38)	0.365*** (6.28)
SEK	0.156** (2.48)	0.162*** (2.64)			0.113** (2.00)	0.114** (2.02)
AC × STK		0.129** (2.24)				0.114* (1.72)
STK			0.140*** (3.88)	0.135*** (3.75)	0.123*** (3.34)	0.123*** (3.35)
AC × STK				0.089* (1.69)		0.046 (0.82)
Size	−0.035 (−0.80)	−0.039 (−0.92)	0.010 (0.28)	−0.001 (−0.02)	−0.016 (−0.40)	−0.025 (−0.62)
Cons	4.068*** (26.54)	4.051*** (26.65)	3.914*** (29.33)	3.940*** (29.42)	4.003*** (28.58)	3.998*** (28.46)
样本数	271	271	271	271	271	271
R^2	0.263	0.275	0.282	0.290	0.293	0.307
R^2_ a	0.255	0.264	0.274	0.279	0.282	0.291
F 值	30.463	25.361	34.996	27.145	27.545	19.490

注：*、**、*** 分别表示参数在 10%、5%、1% 水平上显著，括号内数字为异方差稳健 T 统计值。

能力对知识溢出和创新绩效之间的关系存在“调节效应”，吸收能力的增强有利于知识溢出对创新绩效的正向作用。在回归 8.15 和回归 8.16 中，我们同时加入显性知识溢出和隐性知识溢出变量，并考察吸

收能力的影响。可以看到，吸收能力、显性知识溢出和隐性知识溢出变量、显性知识溢出与吸收能力交叉项等仍然显著，但吸收能力对隐性知识溢出和创新绩效的正向调节作用变得不显著。

第四节 本章小结

本章利用珠三角制造业企业调查问卷进行实证研究，重点考察吸收能力、知识溢出对本土供应商创新绩效的影响。研究结果表明以下观点：

第一，跨国公司的显性知识溢出和隐性知识溢出均有利于本土供应商的创新绩效。

第二，原材料和中间产品供应商相比成品供应商更容易获得隐性知识溢出；出口供应商从外资客户中获得的显性和隐性知识溢出不明显；技术密集型企业相比劳动密集型企业更容易获得外溢知识；私营企业和外资企业的吸收能力对创新绩效存在正向促进作用，隐性知识溢出作用显著。

第三，供应商的吸收能力不仅直接对其技术创新起到促增作用，而且对知识溢出和创新绩效的关系存在正向调节作用，即吸收能力强化了知识溢出对创新绩效的促进作用。

第九章 结论和政策建议

第一节 结论

本书以微观溢出主体为研究对象，分析了通过后向关联的 FDI 技术溢出的溢出主体、溢出动力、溢出途径和效应。溢出主体（外资企业与本土企业）具有策略性、有意识性、独立产权以及异质性，主体之间表现为短期和长期契约关系、公开市场条件契约和排他性合同关系、竞争和合作关系、依赖和发展关系等。溢出主体建立后向关联的意愿为溢出发生提供了前提条件，溢出方和吸收方之间技术差距的存在促进了技术知识的流动，溢出方的技术帮助以及吸收方的主动学习推动了企业对外溢知识的获取、选择、吸收和内化，技术帮助、主动学习以及技术差距的存在一起推动了技术知识的外溢和技术溢出效应的发生。溢出方对吸收方的溢出途径有需求关联、技术指导、人员培训、标准设定等，溢出效应主要表现为规模经济效应、技术联系效应和竞争效应。

吸收方的吸收能力对生产率的影响分为直接的促增效应和间接的调节效应。吸收能力的增强一方面直接促进企业生产率提升，另一方面调节本土企业吸收外溢知识的效果，进而提升企业生产率。所以，吸收能力的强弱影响溢出效应的大小。

本书以中国制造业企业和广东制造业企业为主要分析对象，针对理论框架和中国引进 FDI 及外资企业发展的现实情况，利用行业面板数据、大样本微观面板数据和问卷调查数据进行了计量回归，并得到以下结论：

第一，FDI 的持续进入对中国工业部门的 TFP 以及技术进步存在显著的溢出效应。本书运用两期 DEA 的 Malmquist 生产率指数方法测算中国工业部门 1980～2008 年的 TFP，建立 FDI 进入与工业部门生产率变化的计量模型。结果发现，改革开放以来（1980～2008 年），中国工业的 TFP 整体呈现增长态势，技术进步起着主要作用，要素密集度不同的行业，TFP、技术进步和技术效率的变化存在明显差异，中国工业部门存在显著差异的技术结构；整体上，FDI 的持续进入对中国工业部门的 TFP 以及技术进步存在显著的溢出效应，并且溢出效应主要集中在劳动密集型行业以及技术密集型行业，对资源密集型行业以及资本密集型行业的作用不明显，FDI 对工业部门的技术效率作用不明显。

第二，外资企业和本土企业之间存在一定程度的技术差距是 FDI 技术溢出的重要条件。本书基于 Levinsohn－Petrin 半参数方法估计企业 TFP，从企业的出口强度和所有权特征方面，对 1999～2007 年中国工业部门的本土企业和外资企业 TFP 进行了测算和比较。研究发现，外资企业生产率水平高于本土企业，其次为私营企业，国有企业居后。技术差距的存在是技术溢出发生的前提条件，外资企业相对于本土企业具有一定的技术优势是产生 FDI 溢出效应的前提。并且，全部本土企业、国有企业和私营企业在 FDI 进入过程中实现了逐年提升，出口企业的 TFP 也得到了提升。

第三，FDI 通过后向关联对东道国本土企业存在正向的溢出效应。本书通过对全国工业企业面板数据和广东省制造业企业面板数据的回归分析，发现外资企业通过后向关联对内资企业存在正向的技术溢出。但这种垂直方向的技术扩散存在滞后性，即技术溢出并不是自动发生的，而是一个耗费成本的学习过程。经验研究同时发现，FDI 对本土企业的竞争示范效应为正，人员流动效应不明显。外资企业的前向关联效应不显著，即通过为当地企业提供中间投入品，促进当地内资企业技术进步的效应还不明显。一般而言，FDI 的后向关联溢出相比行业内溢出是更重要的溢出途径。

第四，本土企业的企业性质、企业股权结构等特征也影响后向关联溢出的效应大小。从企业所有制类型来看，通过后向关联渠道，FDI对外资企业和私营企业TFP的提升都有正面影响，对国有企业则有负面影响。从股权结构的影响来看，外资股权的参与提高了本土企业TFP，国有股权不利于企业生产率提升，私营股权的影响不明显。

第五，吸收能力对本土企业生产率提升具有直接的促增作用和间接的调节作用。全部本土企业以及私营企业的吸收能力在后向关联溢出渠道上的调节效应均显著为正。在水平溢出和前向关联溢出渠道上，本土企业的吸收能力对溢出效应产生替代作用。

第六，出口供应商吸收能力不仅与生产率正相关，同时对出口强度与生产率的关系具有正向调节效应，当企业具有较强吸收能力时，扩大出口强度能促进生产率的提升。利用出口供应商的大样本微观面板数据的计量研究发现，我国出口企业的TFP高于非出口企业，出口供应商存在生产率的静态优势。存在生产率优势的国内出口企业选择进入出口市场，出口供应商存在自我选择效应。国内出口供应商在持续出口两年内都存在生产率下降现象，即出口供应商短期内不存在学习效应。但这种生产率下降趋势在不断收窄，并且在持续出口三年内生产率下降趋势得到遏制。出口供应商的出口强度与生产率水平呈倒“U”型关系，且纯出口供应商的生产率水平低于其他出口强度的生产率水平。供应商吸收能力不仅与生产率正相关，同时对出口强度与生产率的关系具有正向调节效应，当企业具有较强吸收能力时，扩大出口强度能促进生产率的提升。

第七，对供应商问卷调查的研究发现，跨国公司的显性知识溢出和隐性知识溢出均有利于本土供应商的创新绩效。供应商的吸收能力不仅直接对其技术创新起到促增作用，而且对知识溢出和创新绩效的关系存在正向调节作用，即吸收能力强化了知识溢出对创新绩效的促进作用。对供应商问卷调查的研究还发现，原材料和中间产品供应商相比成品供应商更容易获得隐性知识溢出；出口供应商从外资客户中获得的显性知识溢出和隐性知识溢出不明显；技术密集型企业相比劳动密集型企业更容易获得外溢知识；私营企业和外资企业的吸收能力对创新绩效存在正向促进作用，隐性知识溢出作用显著。

第二节 政策建议

一、我国引资政策的演变

近年来，世界各国纷纷出台鼓励或促进政策吸引 FDI。据《中国外商投资报告（2011）》统计数据，1993～2010 年，累计有 1295 个国家颁布和修改了 2896 项外资政策，其中 86.5% 旨在更多吸引 FDI。所以，各国政策变化的主流仍然是积极地鼓励外商直接投资。同时，各国吸引 FDI 政策的侧重点也根据不同发展阶段经历了变化过程。冼国明和葛顺奇（2002）把世界上主要的东道国对 FDI 的促进政策分为三个阶段：第一阶段促进政策以向跨国公司提供激励性措施为主；第二阶段注重 FDI 规制框架的自由化变革；第三阶段强调本土企业与跨国公司之间的关联，并以此带动国内经济的发展。

改革开放以来，我国对 FDI 的政策以激励性政策为主，约束性政策为辅。政策措施包括直接的促进措施，如税收减免、土地低价租售、开放更多行业和领域、签订避免双重征税协定、设立经济开发区和出口加工区等，以及间接的促进措施，如经营环境改善、知识产权制度完善、外商投资企业外汇管理制度完善等。随着引进外资的规模不断扩大以及外资企业在中国的活动状况，我国政府于 2008 年 1 月开始实施了“两税合一”的《中华人民共和国企业所得税法》，对加工贸易政策也进行了调整，2010 年出台了《关于进一步做好利用外资工作的若干意见》，并修订了《外商投资产业指导目录》，鼓励外资投向高端制造业、高新技术产业、新能源和新材料产业、现代服务业等，反映出对待外资的态度已经转向“更重质量”和择优选择的高级阶段。同时，我国高度重视由于 FDI 进入带来的产业安全问题，加大对本国战略性产业保护力度。国家商务部等六部委出台的关于《外国投资者并购境内企业的规定》制定了防止外国投资者通过并购危及产业安全的相关规定，反映出我国政府对 FDI 展开规制的重视态度。在经济全球化和跨国公司全球布置生产网络的趋势下，为了进一步吸引外资和发挥 FDI 关联溢出的积极作用，未来的引资政策和产业政策还应以促进本土企业与外资企业的关联以及增进本土供应商的吸收能力为重点。

二、我国对外贸易政策的演变

改革开放以来，我国改变“独立自主、自力更生”的建设方针和封闭式的贸易保护政策，积极发展对外贸易。中国对外贸易政策的演变可分为三个阶段。

（1）第一阶段（1978～1992 年）：这一阶段为国家统制型的开放式保护贸易阶段，采取出口导向战略，实行“奖出限入”政策，通过出口退税、出口补贴、汇率管制、出口信贷等方式鼓励企业出口。这一阶段又可以分为两个时期，1978～1987 年是改革初期，主要是改革放权、简化对外贸易计划内容、实行出口承包经营责任制度；1988～1992 年的对外贸易改革重点是实行出口退税政策、放宽外汇管制、建立进出口协调服务机制以及鼓励开展加工贸易。

（2）第二阶段（1993～2001 年）：这一阶段是加入 WTO 前的有贸易自由化倾向的保护贸易政策阶段。促进出口方面的政策变化包括成立进出口银行，鼓励企业出口；采取有管理的浮动汇率制度；发展出口援助；继续实行出口退税政策等。限制进口方面的政策调整包括对关税政策的调整，减少和规范非关税措施；大量取消配额许可证和进口控制措施，配额分配转向公开招标和规范化分配；对中国涉外法律体系如反倾销条例、技术法规等进行完善等。

（3）第三阶段（2002 年至今）：这一阶段是加入 WTO 后中国对外贸易政策呈现贸易自由化和政策“中性化”趋势的阶段。这种趋势在出口方面体现为对出口补贴的取消，在进口方面则体现为重视程度越来越高。表现出的特点包括在加入 WTO 头五年，严格遵守了 WTO 的协定和承诺，有序推进贸易自由化的改革；在总体推进贸易自由化的同时，贸易救济与危机触发的临时保护措施有所加强。

三、政策建议

根据本书有关研究结论，笔者认为产业政策在引资和促进出口方面应注重以下几个方面：

（1）继续加大外资吸引力度，引资的导向从数量向数量和质量并重转变。在引资过程中注重本地配套企业的培育，以完善的产业链、强大的供应能力和供应网络吸引跨国公司将高端制造业的生产环节转移到中国。在国内劳动力成本和能源环境成本明显上涨、外资企业的“超国民待遇”得到终结等环境条件下，这一点对于国内制造业未来能否持续吸引具有竞争力的专业化环节、留住高端智力资本显得非常重要。

（2）重视FDI的后向关联特别是大型跨国公司的本土化采购对本土供应商生产率提升的积极作用。一是鼓励本土企业挤入跨国公司全球供应链体系，积极发展成为跨国公司的一级供应商或核心供应企业，利用产业关联等多种渠道来吸收外部技术知识。二是鼓励企业在生产率提升的基础上进一步降低产品成本，保持和增强产品竞争力，在制造业各行业培育做专、做强的“隐形冠军”。同时，鼓励本土供应商企业在相同业务内与外资企业展开横向竞争和建立协作关系，以FDI的竞争示范效应以及人员流动效应促进企业技术进步。另外，充分发挥后向关联的“迂回效应”，采取必要措施防止跨国公司与本土供应商签订排他性合约，促进本土供应商的生产率溢出效应惠及下游本土企业。

（3）在竞争不充分的行业积极引入FDI和民营资本。继续完善国有企业的股份制改革，增强国有企业活力。在竞争性行业，国有企业要实现完全退出。在垄断性行业，通过合理引入外资和私营股权，逐步降低国有股权比重，以企业所有制结构的优化来激发企业学习的动力，提升技术能力。消除所有制歧视，落实和扩大对私营企业的支持政策，取消对待外资企业的不合理优惠政策，为内外资企业建立公平竞争的舞台。在未来时期，在加强知识产权保护和构造合理的法律制度环境下，进一步培养私营企业的竞争能力，引导其提高吸收能力和自主创新能力，对于提升国内制造业整体技术水平显得尤其重要。

（4）吸收能力提高是吸收溢出效应和提升企业生产率的重要来源。政府一方面可通过科技资金支出、税收优惠、优先采购、创新奖励等政策引导企业进行R&D投入和人力资本投资，以本土企业吸收能力的提升来最大化溢出效果；另一方面在技能工人培训、人才引进政策、统一的供应链信息平台建立、融资渠道拓宽等方面为本土供应商提供支持。

（5）引导外资企业和本土企业开展股权合作，增加本土企业挤入跨国公司全球供应链体系的机会。针对目前进入国内的 FDI 呈现独资化的演变趋势，政府有必要在制造业关键零部件行业引导国内资本进入，必要时不排除采用管制措施。一方面可引导 FDI 通过合资方式进入国内，另一方面鼓励本土企业特别是私营企业引入战略性外资资本。通过合作经营，增强不同文化之间的认同感，弥补和完善本土企业在制度安排、组织机构等方面的缺陷，实现更好地吸收 FDI 外溢技术和知识的效果。

（6）结合我国出口供应商的微观特质及其生产率提升特点，采取多元化措施引导出口供应商提高吸收能力，促进生产率提升。一是在扩大国内需求、降低国内贸易成本和销售成本的基础上，大力推动出口强度高的加工贸易型企业转型升级。积极引导加工贸易型企业开拓国内市场，以多元化的销售结构克服出口需求的波动。促使其减少对廉价劳动力的依赖，加大资本和技术的投入，不断提升产品结构和技术结构。二是鼓励资本密集型企业适度出口，改善我国出口产品的技术结构。考虑到国外市场进入成本较高等因素，应不断创新服务手段和用好现有政策，努力降低对外贸易成本和风险。应及时了解企业在对外贸易中遇到的新问题和新情况，并选择重点行业和重点企业开展个性化服务。

附　　录

附录1　三位数行业代码和行业名称

附表1　三位数行业代码和行业名称

行业代码	行业名称	行业代码	行业名称
131	谷物磨制业	181	纺织服装、鞋、帽制造业
132	饲料加工业	191	皮革、毛皮、羽毛（绒）及其制品业
133	植物油加工业	201	木材加工及木、竹、藤、棕、草制品业
134	制糖业	211	家具制造业
135	屠宰及肉类加工业	221	造纸及纸制品业
136	水产品加工业	231	印刷业和记录媒介的复制业
137	其他食品加工和食品制造业	241	文化用品制造业
151	酒精及饮料酒制造业	251	石油及核燃料加工业
153	其他饮料制造业	252	炼焦业
160	烟草制品业	261	基础化学原料制造业
171	棉、化纤纺织及印染精加工业	262	肥料制造业
172	毛纺织和染整精加工业	263	农药制造业
173	麻纺织、丝绢纺织及精加工业	264	涂料、颜料、油墨及类似产品制造业
175	纺织制成品制造业	265	合成材料制造业
176	针织品、编织品及其制品制造业	266	专用化学产品制造业

续表

行业代码	行业名称	行业代码	行业名称
267	日用化学产品制造业	353	其他通用设备制造业
271	医药制造业	367	农林牧渔专用机械制造业
281	化学纤维制造业	361	其他专用设备制造业
291	橡胶制品业	371	铁路运输设备制造业
301	塑料制品业	372	汽车制造业
311	水泥、石灰和石膏制造业	375	其他交通运输设备制造业
314	玻璃及玻璃制品制造业	391	电机制造业
315	陶瓷制品制造业	395	家用器具制造业
316	耐火材料制品制造业	392	其他电气机械及器材制造业
319	其他非金属矿物制品制造业	401	通信设备制造业
321	炼铁业	404	电子计算机设备制造业
322	炼钢业	405	电子元器件制造业
323	钢压延加工业	407	家用视听设备制造业
324	铁合金冶炼业	402	其他通信、电子设备制造业
331	有色金属冶炼业	411	仪器仪表制造业
335	有色金属压延加工业	415	文化、办公用机械制造业
341	金属制品业	421	工艺美术品制造业及其他
351	锅炉及原动机制造业	431	废品废料
352	金属加工机械制造业		

附录2　1981～2008年中国工业企业TFP及分解项（按年份）

附表2　1981～2008年中国工业企业TFP及分解项（按年份）

年份	TFP	技术效率	技术进步
1981	1. 0127	1. 0748	0. 9518
1982	1. 0237	1. 1425	0. 8969

续表

年份	TFP	技术效率	技术进步
1983	1.0014	0.9687	1.0402
1984	1.0806	1.1078	0.9792
1985	1.1129	1.3943	0.8005
1986	0.9939	1.0141	0.9854
1987	1.0013	1.0177	0.9882
1988	0.9939	0.9946	1.0063
1989	0.9336	0.9067	1.0313
1990	0.9883	0.9881	1.0012
1991	1.0744	1.1549	0.9340
1992	1.0553	1.1162	0.9458
1993	1.3718	1.2217	1.1210
1994	0.9438	0.8595	1.1028
1995	0.8563	1.0119	0.8468
1996	1.2525	1.1709	1.0614
1997	1.0572	1.0380	1.0200
1998	1.0849	1.0588	1.0254
1999	1.0580	1.1002	0.9616
2000	1.0458	0.9148	1.1467
2001	1.0425	0.9742	1.0716
2002	1.0598	0.9268	1.1445
2003	1.0880	0.8981	1.2135
2004	1.1620	0.9576	1.2148
2005	1.0375	0.9154	1.1356
2006	1.0642	0.9424	1.1288
2007	1.0788	0.9925	1.0877
2008	0.9827	0.9292	1.0582
平均值	1.0481	1.0222	1.0273

附录3　1981～2008年中国工业企业TFP及分解项（按行业）

附表3　1981～2008年中国工业企业TFP及分解项（按行业）

行业	TFP	技术效率	技术进步
1	1.0281	1.0094	1.0185
2	0.9617	0.8673	1.1089
3	1.0662	1.0145	1.0509
4	1.0442	1.0087	1.0352
5	1.0169	1.0167	1.0003
6	1.0060	0.9870	1.0192
7	1.0349	1.0270	1.0077
8	1.0268	1.0238	1.0030
9	1.0168	1.0145	1.0023
10	1.0347	1.0000	1.0347
11	1.0071	1.0080	0.9991
12	1.0271	1.0141	1.0129
13	1.0316	1.0313	1.0003
14	1.0304	1.0292	1.0011
15	1.0273	1.0179	1.0092
16	1.0318	1.0199	1.0116
17	1.0308	1.0291	1.0016
18	1.0322	1.0387	0.9937
19	0.9526	0.8935	1.0661
20	1.0355	0.9984	1.0371
21	1.0372	1.0319	1.0052
22	1.0851	1.0170	1.0670
23	1.0147	1.0150	0.9997

续表

行业	TFP	技术效率	技术进步
24	1.0429	1.0370	1.0057
25	1.0273	1.0239	1.0033
26	1.0497	0.9910	1.0592
27	1.0579	1.0057	1.0518
28	1.0305	1.0251	1.0052
29	1.0679	1.0474	1.0195
30	1.0757	1.0515	1.0230
31	1.0815	1.0695	1.0113
32	1.0578	1.0573	1.0005
33	1.1413	1.1173	1.0215
34	1.0680	1.0669	1.0010
35	1.0567	0.9529	1.1089
36	1.0564	0.9638	1.0962
37	0.9776	0.9068	1.0781
38	1.0257	1.0213	1.0043
平均值	1.0367	1.0118	1.0257

附录4　珠三角制造业供应商企业与外资客户关系的调查问卷

尊敬的女士/先生：

您好，我们是珠三角制造业供应商企业成长情况调研小组。本调查旨在了解贵公司作为外资客户的供应商在发展中的一些情况和经验。非常感谢您能抽出宝贵时间，协助我们完成此次调查。本问卷完全用于学术研究，您所填写的资料将严格保密。谢谢您的参与！

第一部分：企业基本情况调查

1. 贵公司所在地：________。
2. 贵公司成立于________年。

3. 贵公司近两年的企业员工约为________人。

4. 贵公司的企业性质属于（　　）。

A. 国有及国有控股　B. 集体企业　C. 私营企业

D. 港资企业　E. 台资企业　F. 外商独资企业　G. 其他

5. 贵公司是一家（　　）。

A. 原材料供应商　B. 零部件制造商

C. 成品制造商　D. 销售商或代理商

6. 贵公司生产的主要产品是________（　　）（也可选以下项目）。

A. 通信设备、计算机及其他电子　B. 专用设备　C. 通用设备

D. 仪器仪表及办公机械　E. 交通运输设备　F. 电气机械及器材

G. 纺织服装、鞋、帽、皮革制品　H. 非金属矿物制品　I. 金属制品

J. 食品饮料　K. 橡胶制品　L. 塑料制品

M. 化学原料及化学制品　N. 医药制品　O. 玩具　P. 其他

7. 贵公司坐落在（　　）。

A. 工业园　B. 出口加工区　C. 高新技术开发区

D. 经济技术开发区　E. 以上都不是，是

8. 贵公司近两年的平均销售额（　　）。

A. 小于500万元　B. 500万～1000万元

C. 0.1亿～1亿元　D. 1亿～10亿元　E. 10亿元以上

9. 贵公司的产品主要面向（　　）。

A. 全部出口国外　B. 全部国内销售

C. 国际市场为主　D. 国内市场为主

10. 贵公司是否有专门的研发机构和技术人员？（　　）

A. 是，有专门的研发机构　B. 是，有专门的研发技术人员

C. 是，两者都有　D. 否，两者都没有

11. 贵公司近两年投入的研发经费占销售收入的比例约为（　　）。

A. 小于5%　B. 5%～15%

C. 15%～30%　D. 30%～50%　E. 50%及以上

12. 贵公司是否为外资企业的供应商？（　　）

A. 否，我们的产品直接面向消费者（如选A，问卷结束）

B. 否，我们暂时只是内资企业的供应商（如选 B，问卷结束）

C. 是，我们为外资客户提供原材料、零部件等中间品，占总产品的比重________%

D. 是，我们为外资客户提供成品，占总产品的比重________%

13. 贵公司与主要外资客户签订的供货合同年限（　　）。

A. 1 年以内　B. 1 ~ 3 年

C. 3 年以上　D. 没有固定

14. 贵公司的主要外资客户来自哪一地区？（　　）

A. 美国　B. 欧盟　C. 日本

D. 港澳台地区　E. 亚洲　F. 其他或不清楚

15. 贵公司的主要外资客户进入国内的方式为（　　）。

A. 成立独资的外资企业　B. 购买并持有贵企业股份

C. 并购其他国内企业　D. 与贵企业合资　E. 其他或不清楚

16. 贵公司主要外资客户的产品主要面向什么市场？（　　）

A. 全部出口国外　B. 全部国内销售

C. 国际市场为主　D. 国内市场为主　E. 其他或不清楚

第二部分：贵公司与外资客户的合作情况

说明：请选择一家与贵公司有密切合作关系的外资客户做答。请您根据双方的合作情况，在相应的等级下填写“√”。

代码	问题	非常不同意	不太同意	一般同意	比较同意	非常同意
KX1	外资客户选择贵公司作为供应商之前对贵公司的生产规模、制造流程工艺、供货速度、售后服务等方面做过详细的考察					
KX2	外资客户选择贵公司作为供应商之前对贵公司的管理制度、企业文化、员工培训等软件设施进行过详细的考察					
LY1	外资客户最看重贵公司的技术水平及其产品质量					
LY2	外资客户最看重贵公司的供货价格低廉					
LY3	外资客户最看重贵公司的供货速度					
LY4	外资客户最看重贵公司的产品更新速度					

代码	问题	非常不同意	不太同意	一般同意	比较同意	非常同意
YQ1	外资客户对贵公司的运营管理制度、认证等提出了严格要求					
YQ2	外资客户对贵公司的产品更新速度有严格要求					
YQ3	外资客户对贵公司的技术水平和使用的生产设备提出了严格要求					
KB1	外资客户授权贵公司使用许多专利技术					
KB2	外资客户提供的相关文件中有大量关于产品设计、制造、工艺的信息					
KB3	外资客户经常帮助贵公司引进先进技术或改进工艺流程					
KB4	外资客户经常帮助贵公司进行产品开发与外观设计等					
KB5	外资客户总是给予贵公司一定的经济援助或融资帮助					
KB6	外资客户经常对贵公司的组织结构或部门设置进行指导或建议					
KB7	外资客户经常对贵公司的技术人员及操作工人进行培训或指导					
KB8	外资客户经常给贵公司提供商业、技术信息等					

代码	问题	非常不同意	不太同意	一般同意	比较同意	非常同意
XS1	贵公司针对外资客户的要求能迅速反应并获得新技术					
XS2	贵公司针对外资客户的要求能迅速反应并开发新产品					
XS3	贵公司针对外资客户的要求能迅速反应并引进新设备和改进工艺					
XS4	贵公司内部经常进行知识交流和信息共享					
XS5	贵公司的科技人员薪酬与技术贡献挂钩					
HZ1	贵公司与外资客户展开了 R&D 方面的密切合作					
HZ2	贵公司与外资客户对技术 R&D 人员的培养开展了密切合作					
HZ3	贵公司与外资客户经常进行工作互访					
HZ4	贵公司与外资客户对合作关系感到满意					
HZ5	贵公司与外资客户都致力于保持长久的合作关系					
HZ6	贵公司与外资客户在交往中很少发生冲突或摩擦					
HZ7	外资客户赞成贵公司与国内外其他厂商进行合作交流					
HZ8	外资客户积极促进贵公司与国内外其他厂商的合资合作					

代码	问题	非常小	比较小	一般	比较大	非常大
TG1	贵公司通过向外资客户供货，生产工艺改进的程度					
TG2	贵公司通过向外资客户供货，产品质量提高的程度					
TG3	贵公司通过向外资客户供货，产品开发设计能力增强的程度					
TG4	贵公司通过向外资客户供货，市场营销能力提高的程度					
TG5	贵公司通过向外资客户供货，技术与管理人员素质提高的程度					
TG6	贵公司通过向外资客户供货，公司绩效改善的程度					
TY1	从同行业来看，近两年贵公司的科技活动经费比较多					
TY2	从同行业来看，近两年贵公司的新产品开发经费比较多					
TY3	从同行业来看，近两年贵公司的科技人员数目比较多					
TY4	从同行业来看，近两年贵公司的专利技术比较多					
TY5	从同行业来看，近两年贵公司的新产品比较多					
TY6	从同行业来看，近两年贵公司的产品价格比较低					
TY7	从同行业来看，近两年贵公司的销售收入增长快					

第三部分：贵公司获得政府支持的情况及对政府的希冀

1. 贵公司获得过政府的（　）支持或帮助？（可多选）

A. 政策性贷款　B. 税收减免　C. 土地优惠转让

D. 科技资金支持　E. 技术培训　F. 人才引进政策

G. 优先采购　H. 信息服务　I. 其他（请注明）＿＿＿＿＿

2. 贵公司最希望政府为企业做什么？（　）（可多选）

A. 人才引进和培训　B. 推广宣传集群品牌、联盟标准等

C. 交通设施、生活娱乐设施建设　D. 环境保护，污水处理和废物处理等　E. 打击假冒伪劣商品，保护知识产权等

F. 技术创新、产品研发等公共平台　G. 信息咨询、认证、技术服务、法律服务、融资担保、商贸物流等公共服务平台建设

H. 其他（请注明）＿＿＿＿＿

3. 您认为政府在促进内资与外资厂商建立供货关系方面应该有哪些举措？（　）（可多选）

A. 由政府牵线搭桥，帮助内资企业寻找合适商机

B. 政府为内资企业担保，并帮助其与外资厂商进行合作谈判

C. 引进和培育大型成品制造商企业

D. 引进配套企业

E. 引导横向同类企业建立协作关系

F. 其他（请注明）________

第四部分：您的个人信息

1. 您在公司主要负责（　　）。

A. 综合管理　B. 市场营销　C. 技术设计开发　D. 生产制造

E. 财务　F. 采购　G. 报关　H. 其他（请填具体）________

2. 您的职位属于（　　）。

A. 高层管理者　B. 中层管理者

C. 基层管理者　D. 普通员工

3. 您在现在公司工作时间（　　）。

A. 不到 1 年　B. 1 ~ 3 年

C. 3 ~ 5 年　D. 5 ~ 10 年　E. 10 年以上

如果需要阅读相关研究成果，请您提供联系方式。为尽快和便捷送达，请填写您的电子邮箱！

姓名：________

公司名称：________

E - mail：________

参考文献

[1] Aitken B., Harrison A.. Do Domestic Firms Benefit from Direct Foreign Investment? Evidence from Venezuela [J]. American Economic Review, 1999, 89 (3).

[2] Altenburg T.. Linkages and Spillovers between Transnational Corporations and Small and Medium-sized Enterprises in Developing Countries: Opportunities and Best Policies, in UNCTAD, TNC-SME Linkages for Development: Issues-Experiences-Best Practices [R]. New York and Geneva: United Nations, 2000.

[3] An L.-T.. The Impacts Host-country Characteristics on Cross-industry Spillovers from Multinational Firms [D]. Part of Doctoral Research at University of Colorado, University of Colorado, 2007.

[4] Alfaro L., Chanda A., Kalemli-Ozcan S., Sayek S.. FDI and Economic Growth: The Role of Local Financial Markets [J]. Journal of International Economics, 2004, 64 (1).

[5] Balsvik R.. FDI and Mode of Entry with Vertical Spillovers through Backward Linkages [R]. Working Papers, Norwegian School of Economics and Business Administration, 2003.

[6] Banga R.. Do Productivity Spillovers from Japanese and US FDI Differ? [R]. Mimeo Delhi School of Economics, 2003.

[7] Barney J. B.. Organizational Culture: Can It Be a Source of Sustained Competitive Advantage? [J]. Academy of Management Review, 1986 (11).

[8] Barney J. B.. Firm Resources and Sustained Competitive Advantage [J]. Journal of Management, 1991, 17 (1).

[9] Barrios S., Görg H., Strobl E.. Spillovers through Backward Linkages from Multinationals: Measurement Matters! [J]. European Economic Review, 2011, 55 (6).

[10] Bekes G., Kleinert J., Toubal F.. Spillovers from Multinationals to Heterogeneous Domestic Firms: Evidence from Hungary [J]. Hungarian Academy of Sciences Discussion Paper MT – DP, 2006 (16).

[11] Belderbos R., Capannelli G., Fukao K.. Backward Vertical Linkages of Foreign Manufacturing Affiliates: Evidence from Japanese Multinationals [J]. World Development, 2001, 29 (1).

[12] Bernard Andrew B., Jensen J. B.. Exporting and Productivity in the USA [J]. Oxford Review of Economic Policy, 2004 (20).

[13] Bernard Jensen. Exceptional Exporter Performance: Cause, Effect or Both? [J]. Journal of International Economics, 1995 (47).

[14] Blalock G.. Technology from Foreign Direct Investment: Strategic Transfer Through Supply Chains [D]. Part of doctoral research at Haas School of Business, University of California, Berkeley, 2001.

[15] Blalock G., Gertler P. J.. Welfare Gains from Foreign Direct Investment through Technology Transfer to Local Suppliers [J]. Journal of International Economics, 2008 (74).

[16] Blomström M., Kokko A.. Multinational Corporations and Spillovers [J]. Journal of Economic Surveys, 1998 (8).

[17] Blomström M., Wolff E. N.. Multinational Corporations and Productivity Convergence in Mexico [A]. In: Baumol, W. J. and Nelson, R. R. Wolff, E. N. (Eds.), Convergence of Productivity: Cross – National Studies and Historical Evidence [M]. Oxford University Press, Oxford, 1994.

[18] Blomström M.. Foreign Investment and Productive Efficiency: The Case of Mexico [J]. Journal of Industrial Economics, 1986 (35).

[19] Balasubramanyam V. N., Salisu M., Sapsford D.. Foreign Di-

rect Investment and Growth in EP and IS Countries [J]. Economic Journal, 1996: 106.

[20] Behrman J., Wallender H.. Transfer of Manufacturing Technology within Multinational Enterprises [M]. Cam – bridge, MA: Ballinger, 1976 (5).

[21] Bernard A. B., Wagner J.. Exports and Success in German Manufacturing [J]. Review of Word Economics, 1997, 133 (1).

[22] Blalock G., Gertler Paul. Learning from Exporting Revisited in a Less Developed Setting [J]. Journal of Development Economics, 2004, 75 (2).

[23] Blomström M., Sjoholm F.. Technological Transfer and Spillover: Does Local Participation with Multinationals Matter? [J]. European Economic Review, 1999, 43 (4).

[24] Borensztein E., Gregorio Jose De., Lee Jong – Wha. How does Foreign Direct Investment Affect Economic Growth? [J]. Journal of International Economics, 1998, 45 (1).

[25] Buckley Peter J., Clegg Jeremy., Wang Chengqi. Inward Foreign Direct Investment and Host Country Productivity: Evidence from China's Electronics Industry [J]. Transnational Corporations, 2006, 15 (1).

[26] Castellani D., Zanfei A.. Multinational Companies and Productivity Spillovers: Is there a Specification Error? [R]. mimeo, University of Urbino, 2002.

[27] Caves R.. Multinational Firms, Competition and Productivity in Host – country Markets [J]. Economica, 1974 (41).

[28] Charness A., Cooper W. W., Rhodes E.. Measuring the Efficiency of Decision Making Units [J]. European Journal of Operations Research, 1978 (2).

[29] Coe D. T., Helpman E.. International R&D spillovers [J]. European Economic Review, 1995 (39).

[30] Coelli T.. A Guide to DEAP Version2. 1: A Data Envelopment Analysis (Computer) Program [R]. CEPA Working Paper, http: //

www. une. edu. au/econometrics/cepa. htm , 1996.

[31] Cohen Wesley M. , Levinthal Daniel A. . Absorptive Capacity: A New Perspective on Learning and Innovation [J]. Administration Science Quarterly, 1990 (35).

[32] Cole JRElliot R. , Virakul S. . Firm Heterogeneity: Origin of Ownership and Export Participation [J]. The World Economy, 2010 (33).

[33] Crespo N. . Determinant Factors of FDI Spillovers – What Do We Really Know? [J]. World Development, 2007, 35 (3).

[34] Cleride Sofronis K. , Lach Saul, Tybout James R. . Is Learning By Exporting Important? Micro – Dynamic Evidence From Colombia, Mexico, and Morocco [J]. The Quarterly Journal of Economics, 1998, 113 (3).

[35] Damijan Joze P. , Majcen B. , Knell M. , Rojec M. . The Role of FDI, Absorptive Capacity and Trade in Transferring Technology to Transition Countries: Evidence from Firm Panel Data for Eight Transition Countries [R]. mimeo, UN Economic Commission for Europe, Geneva, 2001.

[36] Dan L. . Exceptional Exporter Performance? Evidence from Chinese Manufacturing Firms [J]. Mimeo, Chicago University, 2010.

[37] Djankov S. , Hoekman B. . Foreign Investment and Productivity Growth in Czech Enterprises [J]. World Bank Economic Review, 2000 (14).

[38] Dosi G. , Freeman C. , Nelson R. , Silverberg G. , Soete L. . Technical Change and Economic Theory [M]. London: Pinter Publishers, 1988.

[39] Driffield N. . The Impact on Domestic Productivity of Inward Investment in the UK [J]. The Manchester School, 2001 (69).

[40] Dunning J. H. . Trade, Lacation of Economic Activity and the MNE: A Search for an Eclectic Approach [A] . Ohlin B. , Hesselborn P. O. , Wijkman P. M. The International Allocation of Economic Activity [C] . 1977.

[41] Das S. . Externalities and Technology Transfer through Multina-

tional Corporation: A Theoretical Analysis [J]. Journal of International Economics, 1987 (22).

[42] De Loecker Jan. Do Exports Generate Higher Productivity? Evidence from Slovenia [J]. Journal of International Economics, 2007, 37 (1).

[43] Driffield N., Love J. H.. Does the Motivation for Foreign Direct Investment Affect Productivity Spillovers to the Domestic Sector? [R]. Aston University Working 0202, available at http: //research. abs. aston. ac. uk/working_ papers/0202. pdf, 2002.

[44] Durham B.. Absorptive Capacity and the Effects of Foreign Direct Investment and Equity Foreign Portfolio Investment on Economic Growth [J]. European Economic Review, 2004, 48 (2).

[45] Escribano A. F., Tribó J. A.. Managing External Knowledge Flows: The Moderating Role of Absorptive Capacity [J]. Research Policy, 2009, 38 (1).

[46] Escriban A., Andrea Fosfuri, Josep A. Tribób. Managing External Knowledge Flows: The Moderating Role of Absorptive Capacity [J]. Research Policy, 2009 (38).

[47] Erik D. Spillovers of Innovation Effects [J]. Journal of Policy Modeling, 2000, 22 (1): 27-42.

[48] Fare R. Grosskopf, S. Norris M., Zhang Z.. Productivity Growth, Technical Progress, and Efficiency Changes in Industrialised Countries [J]. American Economic Review, 1994 (84).

[49] Farrell M. J.. The Measurement of Productive Efficiency [J]. Journal of the Royal Statistical Society, 1957.

[50] F. C. Perkins. Export Performance and Enterprise Reform in China's Coastal Provinces [M]. Economic Development and Cultural Change, 1997, 45 (3): 501-539.

[51] Findlay R.. Relative Backwardness, Direct Investment, and the Transfer of Technology: A Simple Dynamic Model [J]. Quarterly Journal of Economics, 1978, 92 (1).

[52] Fosfuri A., Tribó J. A.. Exploring the Antecedents of Potential Absorptive Capacity and Its Impact on Innovation Performance [J]. Omega, 2008, 36 (2).

[53] Friedman D.. Evolutionary Games in Economics [J]. Econometrica, 1991 (59).

[54] Fu X.. Foreign Direct Investment, Absorptive Capacity and Regional Innovation Capabilities: Evidence from China [J]. Oxford Development Studies, 2008, 36 (1).

[55] Fallah H., Ibrahim S.. Knowledge Spillover and Innovation in Technological Clusters, Proceedings [R]. IAMOT 2004 Conference, Washington, D.C., 2004.

[56] Feldman M., Audretsch D.. Innovation in Cities: Science – Based Diversity, Specialization and Localized Competition [J]. European Economic Review, 1999 (43).

[57] Flores Junior R. G., Fontoura M. P., Santos R. G.. Foreign Direct Investment Spillovers: What can we learn from Portuguese Data? [R]. Mimeo, ISEG, Universidade Tecnica de Lisboa, Lisbon, 2000.

[58] Fu X.. Exports, Technical Progress and Productivity Growth in a Transition Economy: a Non – Parametric Approach for China [J]. Applied Economics, 2005, 37 (7).

[59] Fung K. C., Iizaka H., Tong S.. Foreign Direct Investment in China: Policy, Trend and Impact [R]. International Conference on China's Economy in the 21st Century, Hong Kong, 2002.

[60] Gabriel Szulanski. Exploring Internal Stickiness: Impediments to the Transfer of Best Practice Within the Firm [J]. Strategic Management Journal, Special Issue: Knowledge and the Firm, 1996 (17).

[61] Gene M.. Grossman, Elhanan Helpman. Trade, Knowledge Spillovers and Growth [J]. European Economic Review, 1991, 35 (2 – 3).

[62] Gereffi, Humphrey, Sturgeon. The Governance of Global Value Chains [J]. Review of International Political Economy, 2005, 12 (1).

[63] Girma S., Greenaway D., Kneller R.. Does Exporting Increase

Productivity? A Microeconometric Analysis of Matched Firms [J]. Review of International Economics, 2004 (12).

[64] Girma S., Gorg H.. Foreign Direct Investment, Spillovers and Absorptive Capacity: Evidence from Quantile Regressions [J]. Deutsche Bundesbank Discussion Paper, 2005a (13).

[65] Girma S.. Absorptive Capacity and Productivity Spillovers from FDI: A Threshold Regression Analysis [J]. Oxford Bulletin of Economics & Statistics, 2005b, 67 (3).

[66] Girma S., Wakelin K.. Regional Underdevelopment: Is FDI the Solution: A Semiparametric Analysis [R]. GEP Working Paper, University of Nottingham, 2001/14.

[67] Giuliania E., Bella M.. The Micro – determinants of Micro – level Learning and Innovation: Evidence from a Chilean Wine Cluster [J]. Research Policy, 2005 (34).

[68] Globerman S.. Foreign Direct Investment and Spillover Efficiency Benefits in Canadian Manufacturing Industries [J]. Canadian Journal of Economics, 1979 (12).

[69] Görg H., Strobl E., Walsh F.. Why do Foreign Firms pay more? The Role of On – the – job Training [R]. GEP Research Paper 02/15, University of Nottingham, 2003.

[70] Görg H., Strobl E.. Multinational Companies and Productivity Spillovers: A Meta – Analysis [J]. The Economic Journal, 2001 (11).

[71] Görg H., Greenaway D.. Much Ado about Nothing? Do Domestic Firms Really Benefit from Foreign Direct Investment [J]. World Bank Research Observer, 2004, 19 (2).

[72] Grant Robert M.. Toward A Knowledge – based Theory of the Firm [J]. Strategic Management Journal, 1996 (17).

[73] Greenaway David, Kneller R.. Firm Heterogeneity, Exporting and Foreign Direct Investment: A Survey [J]. Economic Journal, 2007 (117).

[74] Griffith R., Redding S., Van Reenen J.. Mapping the two

Faces of R&D: Productivity Growth in a Panel of OECD Industries [J]. Review of Economics and Statistics, 2004 (86) .

[75] Griliches Z.. Issues in Assessing the Contribution of Research and Development to Productivity Growth [J]. Bell Journal of Economics, 1979 (10).

[76] Grossman G. M. , Helpman E.. Innovation and Growth in the Global Economy [M]. MIT Press, Cambridge, 1991.

[77] Giroud A.. MNEs Vertical Linkages: The Experience of Vietnam after Malaysia [J]. International Business Review, 2007 (16) .

[78] Haddad M. , Ann H.. Are there Positive Spillovers from Direct Foreign Investment? Evidence from Panel Data for Morocco [J]. Journal of Development Economics, 1993 (42).

[79] Haskel J. , Pereira S. C. , Slaughter M. J.. Does Inward Foreign Direct Investment Boost the Productivity of Domestic Firms? [J]. Review of Economics and Statistics, 2009, 89 (3).

[80] Hirschman A. O.. The Strategy of Economic Development [M]. Yale University Press, 1958, New Haven. CT.

[81] Hodgson Geoffrey M.. Evolutionary and Competence Based Theories of the Firm [J]. Journal of Economic Studies, 1998 (25) .

[82] Howard Pack, Kamal Saggi. Vertical Technology Transfer via International Outsourcing [J]. Journal of Development Economics, 2001 (65).

[83] Hwang. Productivity and the Export Market: A Firm – level Analysis [J]. Journal of Development Economics, 1995 (47).

[84] Henley J. , Kirkpatrick C. , Wilde G.. Foreign Direct Investment in China: Recent Trends and Current Policy Issues [J]. World Economy, 1999 (22) .

[85] Ho L. , Wei X. , Wong W.. The Effect of Outward Processing Trade on Wage Inequality: the Hong Kong Case [J]. Journal of International Economics, 2005, 67 (1).

[86] Ivarsson I. , Alvstam C.. Technology Transfer from TNCs to Lo-

cal Suppliers in Developing Countries: A study of AB Volvo's Truck and Bus Plants in Brazil, China, India, and Mexico [J]. World Development, 2005, 33 (8).

[87] Jacobs J.. The Economy of Cities [M]. Random House, New York, 1969.

[88] Jaffe A. B., Trajtenberg M., Henderson R.. Geographic Localization of Knowledge Spillovers as Evidenced by Patent Citations [J]. Quarterly Journal of Economics, 1993 (63).

[89] Javorcik B. S., Spatareanu M.. To Share or not to Share: Does Local Participation Matter for Spillovers from Foreign Direct Investment? [J]. Journal of Development Economics, 2008, 85 (1-2).

[90] Javorcik B. S., Spatareanu M.. Does it Matter Where You Come from? Vertical Spillovers from Foreign Direct Investment and the Origin of Investors [J]. Journal of Development Economics, 2011, 96 (1).

[91] Javorcik B.. Does Foreign Direct Investment Increase the Productivity of Domestic Firms? in Search of Spillovers Through Backward Linkages [R]. The World Bank, Policy Research Working Paper Series, 2002 (2923).

[92] Javorcik B.. Spillovers from Foreign Direct Investment through Backward Linkages: Does Technology Gap Matter? [R]. Working Paper, The World Bank, 1818 HSt, NW, MSN MC3 - 303, Washington DC, 20433, 2002.

[93] Javorcik B.. Determinants of Spillovers from Foreign Direct Investment through Backward Linkages [R]. Working Paper, World Bank, 2002.

[94] Javorcik B.. Does Foreign Direct Investment Increase the Productivity of Domestic Firms? in Search of Spillovers through Backward Linkages [J]. American Economic Review, 2004, 94 (3).

[95] Jordaan J.. Determinants of FDI Induced Externalities: New Empirical Evidence for Mexican Manufacturing Industries [J]. World Development, 2005, 33 (12).

[96] Katayamaa H., Lub S., Tyboutc J. R.. Firm-level Productivity

Studies: Illusions and a Solution [J]. International Journal of Industrial Organization, 2009 (27).

[97] Kathuria V.. Productivity Spillovers from Technology Transfer to Indian Manufacturing Firms [J]. Journal of International Development, 2000 (12).

[98] Kaufnan A.. Collaboration and Technology Linkage A Strategic Suppier Typology [J]. Strategic Management Journal , 2000 (7).

[99] Keller W.. International Technology Diffusion [J]. Journal of Economic Literature, 2004 (42) .

[100] Kim L.. Crisis Construction and Organizational Learning: Capability Building in Catching – up at Hyundai Motor [J]. Organization Science, 1998, 9 (4).

[101] Koenker R., Basset G.. Regreesion Quantiles [J]. Econometrica, 1978 (46).

[102] Kogut B., Zander U.. Knowledge of the Firm, Combinative Capabilities, and the Replication of Technology [J]. Organization Science, 1992, 3 (3).

[103] Kojima K.. Direct Foreign Investement: A Japanese Model of Multinational Business Operations [M]. London: Croom Helm, 1978.

[104] Kokko A., Ruben Tansini, Mario C.. Local Technological Capability and Productivity Spillovers from FDI in the Uruguayan Manufacturing Sector [J]. Journal of Development Studies, 1996 (32) .

[105] Kokko A.. Foreign Direct Investment, Host Country Characteristics and Spillovers [R]. The Economic Research Institute, Stockholm, 1992.

[106] Kokko A.. Technology, Market Characteristics, and Spillovers [J]. Journal of Development Economics, 1994 (43).

[107] Kokko A., Tansini R., Zejan M.. Productivity Spillovers from FDI in the Uruguayan Manufacturing Sector [J]. Journal of Development Studies, 1996 (32).

[108] Kolasa Marcin. How Does FDI Inflow Affect Productivity of Domestic Firms? The Role of Horizontal and Vertical Spillovers, Absorptive

Capacity and Competition [J]. The Journal of International Trade & Economic Development, 2008, 1 (17).

[109] Konings J.. The Effects of Foreign Direct Investment on Domestic Firms: Evidence from Firm Level Panel Data in Emerging Economies [J]. Economics of Transition, 2001 (9).

[110] Kraay A.. Exports and Economic Performance: Evidence from a Panel of Chinese Enterprises [J]. The World Bank, 1999 (may).

[111] Krugman P.. Increasing Returns and Economic Geography [J]. Journal of Political Economy, 1991 (99).

[112] Kugler M.. The Diffusion of Externalities from Foreign Direct Investment: The Sectoral Pattern of Technological Spillovers [R]. mimeo, University of Southampton, 2001.

[113] Kugler M.. Spillovers from Foreign Direct Investment: Within or between Industries? [J]. Journal of Development Economics, 2006, 80 (2).

[114] Kanturia V.. Liberalizations, FDI, and Productivity Spillovers – an Analysis of Indian Manufacturing Firms [R]. Oxford Economic Papers, 2002 (54).

[115] Keller Wolfgang, Yeaple Stephen.. Multinational Enterprises, International Trade, and Productivity Growth: Firm – Level Evidence from the United States [J]. GEP Research Paper 03/03, University of Nottingham, 2003.

[116] Keller W., Yeaple S. R.. Multinational Enterprises, International Trade, and Productivity Growth: Firm Level Evidence from the United States [R]. Discussion paper, University of Texas, Austin, Dept. of Economics, 2003.

[117] Kinoshita Y., Lu C.. On the Role of Absorptive Capacity: FDI Matters to Growth [R]. mimeo, International Monetary Fund, 2006.

[118] Kinoshita Y., Mody A.. Private Information for Foreign Investment Decisions in Emerging Markets [J]. Canadian Journal of Economics, 2001 (34).

[119] Koizumi Tetsunori, Kopecky Kenneth J.. Economic Growth, Capital Movements and the International Transfer of Technical Knowledge [J]. Journal of International Economics, 1977, 7 (1).

[120] Kraay Aart. Exports and Economic Performance: Evidence from a Panel of Chinese Enterprises [R]. The World Bank, 2006.

[121] Krogstrup S., Matar L.. Foreign Direct Investment, Absorptive Capacity and Growth in the Arab World [R]. Graduate Institute of International Studies (Geneva), Working Paper, 2005 (2).

[122] Lall S.. Vertical inter - firm Linkages in LDCs: an Empirical Study [M]. Oxford Bulletin of Economics and Statistics, 1980 (42).

[123] Lane P. J., et al.. The Reification of Absorptive Capacity: A Critical Review and Rejuvenation of the Construct [J]. Academy of Management Review, 2006, 31 (4).

[124] Lapan H., Bardhan P.. Localised Technical Progress and the Transfer of Technology and Economic Development [J]. Journal of Economic Theory, 1997 (6).

[125] Leahya D., J. P. Nearyb. Absorptive Capacity, R&D Spillovers, and Public Policy [J]. International Journal of Industrial Organization, 2007, 25 (5).

[126] Levinsohn J., Petrin A.. Estimating Production Functions Using Inputs to Control for Unobersevables [J]. Review of Economic Studies, 2003 (70).

[127] Lin P., Saggi K.. Multinational firms, Exclusivity, and Backward linkages [J]. Journal of International Economics, 2007 (71).

[128] Lin P., Saggi K.. Multinational Firms and Backward Linkages: A Survey and a Simple Model [R]. Mimeo: Lingnan University and Southern Methodist University, 2004.

[129] Liu Z. - M., Lin P.. Backward Linkages of Foreign Direct Investment: Evidence from China [R]. http: //www. cctr. ust. hk/articles/pdf/LinPing. pdf, 2004.

[130] Liu Z. - Q.. Foreign Direct Investment and Technology Spillo-

vers: Theory and Evidence [J]. Journal of Development economics, 2008, 85 (2).

[131] Lucas R.. On the Mechanics of Economic Development [J]. Journal of Monetary Economics , 1988 (22).

[132] Luo Y.. Partner Selection and Venturing Success: the Case of Joint Ventures with Firms in the People's Republic of China [J]. Organization, 1997 (8).

[133] Li X. , Liu X. , Parker D.. Foreign Direct Investment and Productivity Spillovers in the Chinese Manufacturing Sector [J]. Economic Systems, 2001 (25) .

[134] Lipsey R. E.. Home and Host Country Effects of FDI [R]. NBER Working Paper, 2002 (9293) .

[135] Mahnke V.. The Process of Vertical Dis – integration: an Evolutionary Perspective on Outsourcing [J]. Working Paper, 2002.

[136] Markusen J. R. , Venables A. J.. Foreign Direct Investment as a Catalyst for Industrial Development [J]. European Economic Review, 1999, 43 (2).

[137] Marschak J. , W. Andrews. Random Simultaneous Equations and the Theory of Production [J]. Econometrica, 1994, 12 (3 – 4).

[138] Matouschek N. , Venables A. J.. Evaluating Investment Projects in the Presence of Sectoral Linkages [J]. Economics of Transition, 2005, 13 (4).

[139] Mancusi M. L.. International Spillovers and Absorptive Capacity: A Cross – Country Cross – Sector Analysis Based on Patents and Citations [J]. Journal of International Economics, 2008, 76 (2): 155 – 165.

[140] Melitz M. , Ottaviano G.. Market Size, Trade and Productivity [J]. Nber Working Paper Series, http://www. nker. org/papers/w11393. pdf.

[141] Mowery D. C. , Oxley J. E.. Inward Technology Transfer and Competitiveness: The Role of National Innovation Systems [J]. Cambridge Journal of Economics, 1995, 19 (1).

[142] Mucchielli J. , Jabbour L.. Technology Transfer through Back-

ward Linkages: The Case of the Spanish Manufacturing Industry [R]. Working Paper, University of Paris I Pantheon – Sorbonne and TEAM – CNRS, 2006.

[143] Melitz M. . The Impact of Trade on Intra – industry Reallocations and Aggregate Industry Productivity [J]. Econommetrica, 2003, 71 (6).

[144] Meyer K. , Nguyen H. V. . Foreign Investment Strategies and Sub – national Institutions in Emerging Markets: Evidence from Vietnam [J]. Journal of Management Studies, 2005, 42 (1).

[145] Negassi S. . R&D Co – operation and Innovation a Microeconometric Study on French Firms [J]. Research Policy, 2004 (33) .

[146] Nieto Quevedo. Absorptive Capacity, Technolnical Opportunity, Knowledge Spillovers, and Innovative Effort [J]. Technovation, 2005 (25).

[147] Nonaka A. . Dynamic Theory of Organization Knowledge Creation [J]. Organization Science: A Journal of the Institute of Management Science, 1994, 5 (1).

[148] Nelson R. , Phelps E. . Investment in Humans, Technological Diffusion, and Economic Growth [J]. American Economic Review, 1966, 51 (2).

[149] Norman P. M. . Knowledge Acquisition, Knowledge Loss, and Satisfaction in High Technology Alliances [J]. Journal of Business Research, 2004, 57 (6).

[150] Olley Steven G. , Pakes Ariel. The Dynamics of Productivity in the Telecommunications Equipment Industry [J]. Econometrica, 1996, 64 (6).

[151] OECD. The Measurement of Scientific and Technological Activities Proposed Guidelines for Collecting and Interpreting Technological Innovation Data (Oslo Manual) [M]. European Commission and Euro stat, 2004.

[152] Olofsdotter K. . Foreign Direct Investment, Country Capabilities and Economic Growth [J]. Review of World Economics , 1998, 134 (3).

[153] Patricia Augier, Olivier Cadot, Marion Dovis. Imports and TFP at the Firm Level: the Role of Absorptive Capacity [J]. Canadian Journal of Economics/Revue canadienne d'èconomique, 2013, 46 (3).

[154] Peteraf M. A.. The Cornerstones of Competitive Advantage: A Resource – based View [J]. Strategic Management Journal, 1993, 14 (3).

[155] Petrin A., Poi Brian P., Levinsohn J. Production Function Estimation in Stata Using Inputs to Control for Unobervables [J]. The Stata Journal, 2004 (4).

[156] Prahalad C. K., Hamel G.. The Core Competence of the Corporation [J]. Harvard Business Review, 1990 (68).

[157] Pastor J. T., Asmild M., Knox Lovell C. A.. The Biennial Malmquist Productivity Change Index [J]. Socio – Economic Planning Sciences, 2011 (45).

[158] Polanyi M.. The Tacit Dimension [M]. University Of Chicago Press, Garden City, NY, 1966.

[159] Ponomareva N.. Are There Positive or Negative Spillovers from Foreign – Owned to Domestic Firms? [J]. Working Paper BSP/00/042, Moscow: New Economic School, 2000.

[160] Proenca I., Fontoura M., Crespo N.. Productivity Spillovers from Multinational Corporations in the Portuguese Case: Evidence from a Short Time Period Panel Data [R]. Working Paper 06/2002, ISEG – Technical University of Lisbon, Department of Economics, 2002.

[161] Ragnhild Balsvi. FDI and Mode of Entry with Vertical Spillovers through Backward Linkages, 2003.

[162] Robert E. Evenson, Larry E. Westphal. Technological Change and Technology Strategy [N]. Handbook of Development Economics, 1995 (3), Part A.

[163] Rodriguez – Clare A.. Multinational, Linkages, and Economic Development [J]. The American Economic Review, 1996, 86 (4).

[164] Romer P. M.. Increasing Returns and Long – Run Growth [J].

Journal of Political Economy, 1986 (94).

[165] Rosario Crino,、Paoto Epifani. Productivity, Quality, and Export Intensities [R]. Barcelona Graduate School of Economics, 2010, Working Papers, No 457.

[166] Ruane F., Ugur A.. Foreign Direct Investment and Productivity Spillovers in Irish Manufacturing Industry: Evidence from Firm Level Panel Data [R]. Trinity Economic Papers 02/06, Trinity College Dublin, 2002.

[167] Ramachandran Vijaya. Technology Transfer, Firm Ownership, and Investment in Human Capital [J]. Review of Economics and Statistics, 1993 (75).

[168] Rhee Y. W., Bruce Ross – Larson., Pursell G.. Korea's Competitive Edge: Managing the Entry into World Markets [M]. Johns Hopkins University Press for the World Bank, Baltimore, MD, 1984.

[169] R. Belderbos, Capannelli G., Fukao K.. Backward Vertical Linkages of Foreign Manufacturing Affiliates: Evidence from Japanese Multinationals [J]. World Development, 2001, 29 (1).

[170] S. Girma, Greenaway D., et al. Export Market Exit and Performance Dynamics: A Causality Analysis of Matched Firms [J]. Economics Letters, 2003 (80).

[171] Schoors K., van der Tol B.. Foreign Direct Investment Spillovers within and between Sectors: Evidence from Hungarian Data [R]. Working Papers of Faculty of Economics and Business Administration No. 02/157, Ghent University, 2002.

[172] Shephard R. W.. Cost and Production Functions [M]. Princeton, New Jersey: Princeton University Press, 1953.

[173] Shephard R. W.. Theory of Cost and Production Functions [M]. Princeton, New Jersey: Princeton University Press, 1970.

[174] Szulanski G.. Exploring Internal Stickiness: Impediments to the Transfer of Best Practice Within the Firm [J]. Strategic Management Journal, 1996 (17).

[175] Sinani E. , Meyer K. . Spillovers of Technology Transfer from FDI: The Case of Estonia [J] . Journal of Comparative Economics, 2004 (32) .

[176] Sjöholm Frederik. Technology Gap, Competition and Spillovers from Direct Foreign Investment: Evidence from Establishment Data [J]. Journal of Development Studies, 1999, 36 (1).

[177] Teece D. , Pisano G. , Shuen A. . Dynamic Capabilites and Strategic Managemnet [J]. Strategic Management Journal, 1997 (18).

[178] Teece D. , Pisano G. . The Dynamic Capabilities of Firms: An Introduction [J]. Industrial & Corporate Change, 1994 (3).

[179] The World Bank. Exports and Productivity – Comparable Evidence for 14 Countries [R]. Policy Research Working Paper , 2007 (NO. 4418).

[180] Tucci Alessandra. Trade, Foreign Networks and Performance: A Firm – Level Analysis for India [J]. Centro Studi Luca d' Agliano Development Studies Working Paper, 2005 (199) .

[181] UNCTAD. World Investment Report 2001: Promoting Linkages [R]. United Nations Conference on Trade and Development, Geneva, 2001.

[182] UNCTAD. World Investment Report 2007: Transnational Corporations, Extractive Industry and Development [R]. United Nations Conference on Trade and Development, New York and Geneva, 2007.

[183] UNCTAD. World Investment Report 2012: Towards a New Generation of Investment Policies [R]. United Nations Conference on Trade and Development, New York and Geneva, 2012.

[184] Van Biesebroeck J. . Exporting Raises Productivity in Sub – Saharan African Manufacturing Plants, NBER Working Paper 10020 , 2003 (October).

[185] Veron R. . International Investment and International Trade in the Product Cycle [J]. The Quarterly Journal of Economics, 1966, 80 (2).

[186] Van Biesebroeck J. . The Sensitivity of Productivity Estimates [J] . Journal of Business & Economic Statistics, 2008 (26) .

[187] Wagner Joachim. Export Intensity and Plant Characteristics: What Can We Learn from Quantile Regression? [J]. Review of World Economics, 2006 (142).

[188] Wagner Joachim. Exports and Productivity: A Survey of the Evidence from Firm - level Data [J]. The World Economy, 2007 (30).

[189] Wagner Joachim. Exports, Firm Size, and Firm Dynamics [J]. Small Business Economics, 1995 (7).

[190] Wang J. - Y., Blomstrfm M.. Foreign Investment and Technology Transfer: A simple Model [J]. European Economic Review, 1992, 36 (1).

[191] Wernerfelt B.. A Resource - based View of the Firm [J]. Strategic Management Journal, 1984 (5).

[192] Wei Y., Liu X.. Productivity Spillovers from R&D, Exports and FDI in China's Manufacturing Sector [J]. Journal of International Business Studies, 2006, 37 (4).

[193] Xu B.. Multinational Enterprises, Technology Diffusion, and Host Country Productivity Growth [J]. Journal of Development Economics, 2000 (62).

[194] X. Li, X. Liu, Parker D.. Foreign Direct Investment and Productivity Spillovers in the Chinese Manufacturing Sector [J]. Economic Systems, 2001 (25).

[195] Yudaeva K., Kozlov K., Malentieva N., Ponomareva N.. Does Foreign Ownership Matter? The Russian Experience [J]. Economics of Transition, 2003, 11 (3).

[196] Zukowska - Gagelmann K.. Productivity Spillovers From Foreign Direct Investment in. Poland [J]. Economic Systems, 2000, 24 (3).

[197] Zahra George. Absorptive Capacity: A Review, Reconceptualization and Extersion [J]. Academy of Management Review, 2002 (27).

[198] Zahra S. A., Hayton, J. C.. The Effect of International Venturing on Firm Performance: The Moderating Influence of Absorptive Capacity [J]. Journal of Business Venturing, 2008, 23 (2).

[199] 陈继勇，雷欣，黄开琢．知识溢出、自主创新能力与外商直接投资[J]. 管理世界，2010（7）.

[200] 陈琳，林珏．外商直接投资对中国制造业企业的溢出效应——基于企业所有制结构的视角[J]. 管理世界，2009（9）.

[201] 陈涛涛，范明曦，马文祥．对影响我国外商直接投资行业内溢出效应的因素的经验研究[J]. 金融研究，2003（5）.

[202] 陈小文，宋杰．在华跨国公司与后向关联：以北京地区外资企业为例的分析[J]. 产业经济研究，2007（2）.

[203] 陈勇，李小平．中国工业行业的技术进步与工业经济转型——对工业行业技术进步的 DEA 法衡量及转型特征分析[J]. 管理世界，2007（6）.

[204] 陈羽．中国制造业外商直接投资技术溢出机制的重新检验[J]. 世界经济文汇，2006（3）.

[305] 才国伟，连玉君．外资控制权、企业异质性与 FDI 的技术外溢——基于 Olley - Pakes 半参法的实证研究[J]. 南方经济，2011（8）.

[306] 陈诗一．中国工业分行业统计数据估算：1980 ~ 2008 [J]. 经济学（季刊），2011（3）.

[307] 陈菲琼，王寅．效率视角下技术结构调整与经济发展方式转变[J]. 数量经济技术经济研究，2010（2）.

[308] 陈德湖，马平平．外商直接投资、产业关联与技术外溢[J]. 统计研究，2013（7）.

[209] 戴觅，余淼杰，Maitra M.．中国出口企业生产率之谜：纯出口企业的作用[J]. 北京大学中国经济研究中心，讨论稿系列，2011，No. C2011018（11）.

[210] 戴黎燕．跨国公司在东道国后向关联的研究综述[J]. 管理现代化，2006（5）.

[211] 福布斯等．从追随者到领先者：管理新兴工业化经济的技术与创新（中译本）[M]. 高等教育出版社，2005.

[212] 傅元海，唐未兵，王展祥．FDI 溢出机制、技术进步路径与经济增长绩效[J]. 经济研究，2010（6）.

[213] 高铁梅．计量经济分析方法[M]. 清华大学出版社，2006.

[214] 高山行，徐新，李亚辉．跨国公司技术溢出对我国企业创新产出影响的实证研究[J]. 管理工程学报，2010（2）.

[215] 广东省统计局国民经济核算处．广东省 1999 年投入产出延长表[R]. 广东省统计局，2000.

[216] 广东省统计局国民经济核算处．广东省 2002 年投入产出表[R]. 广东省统计局，2003.

[217] 广东省统计局国民经济核算处．广东省 2005 年投入产出延长表[R]. 广东省统计局，2006.

[218] 国家统计局国民经济核算司．中国 2002 年投入产出表编制方法[M]. 中国统计出版社，2005.

[219] 郭英．港澳台企业和其他外资企业技术外溢的比较研究[J]. 学习论坛，2005（21）.

[220] 何洁．外商直接投资对中国工业部门外溢效应的进一步精确量化[J]. 世界经济，2000（12）.

[221] 胡浩，徐薇．跨国公司与东道国企业建立与深化后向关联的路径探析[J]. 湖北行政学院学报，2004（1）.

[222] 黄春晖，彭敬．外国直接投资与当地企业发展关系研究综述[J]. 经济学动态，2005（7）.

[223] 江小涓．数额稳中略降，质量继续提高［C］//中国商务部．中国外商投资报告（2007）. 中国商务部网站，http：//www. mofcom. gov. cn.

[224] 江小涓．中国的外资经济对增长、结构升级和竞争力的贡献[J]. 中国社会科学，2002（6）.

[225] 姜瑾，朱桂龙．外商直接投资行业间技术溢出效应实证分析[J]. 财经研究，2007a（1）.

[226] 姜瑾．FDI 技术溢出效应影响因素研究的理论假设与经验证据[J]. 外国经济与管理，2007b（1）.

[227] 蒋殿春，黄静．外商直接投资与我国产业内技术二元结构基于 DEA 方法的证据[J]. 数量经济技术经济研究，2007（7）.

[228] 蒋殿春，夏良科．外商直接投资对中国高技术产业技术创

新作用的经验分析[J]. 世界经济，2005（8）.

[229]［韩］金鳞洙. 从模仿到创新——韩国技术学习的动力[M]. 新华出版社，1998.

[230] 金祥容，刘振兴，于蔚. 企业出口之动态效应研究——来自中国制造业企业的经验：2001～2007[J]. 经济学（季刊），2012，11（4）.

[231] 赖明勇，包群，彭水军，张新. 外商直接投资与技术外溢：基于吸收能力的研究[J]. 经济研究，2005（8）.

[232] 赖伟娟，黄静波. 出口行为、企业异质性与生产率研究[J]. 国际经贸探索，2011（2）.

[233] 李春顶，尹翔硕. 我国出口企业的"生产率悖论"及其解释[J]. 国际贸易问题，2009（11）.

[234] 李怀祖. 管理研究方法论[M]. 西安交通大学出版社，2004.

[235] 李建伟，冼国明. 后向关联途径的外商直接投资溢出效应分析[J]. 国际贸易问题，2010（4）.

[236] 李兰冰，刘秉镰. 我国对外开放机场的动态生产效率研究[J]. 中国工业经济，2007（10）.

[237] 李平，宋丽丽. FDI 渠道的 R&D 溢出、吸收能力与中国技术进步——基于一个扩展的 LP 方法的实证研究[J]. 山东大学学报（哲学社会科学版），2009（4）.

[238] 联合国贸易发展组织. 2012 年世界投资报告——迈向新一代投资政策（中文版）[M]. 中国商务部网站，http://www.mofcom.gov.cn.

[239] 梁琦，钱学锋. 外部性与集聚：一个文献综述[J]. 世界经济，2007（2）.

[240] 刘德学，付丹，卜国勤. 全球生产网络、知识扩散与加工贸易升级[J]. 经济问题探索，2005（12）.

[241] 刘振兴，金祥荣. 出口企业更优秀吗？——基于生产率视角的考察[J]. 国际贸易问题，2011（5）.

[242] 刘志彪，张晔. 中国沿海地区外资加工贸易模式与本土产

业升级：苏州地区的案例研究[J]. 经济理论与经济管理，2005（8）.

[243] 罗珉，王雎. 组织间关系的拓展与演进——基于组织间知识互动的研究[J]. 中国工业经济，2008（1）.

[244] 刘宪春，刘起运. 中国投入产出理论与实践（2004）[M]. 中国统计出版社，2005.

[245] 罗珉. 组织间关系理论最新研究视角探析[J]. 外国经济与管理，2007（1）.

[246] 路江涌. 外商直接投资对内资企业效率的影响和渠道 [J]. 经济研究，2008（6）.

[247] 马顺道，李永建. 隐性知识转化研究综述[J]. 电子科技大学学报（社科版），2005（4）.

[248] 马述忠，郑博文. 中国企业出口行为与生产率关系的历史回溯：2001～2007 [J]. 浙江大学学报，2010（9）.

[249] 孟亮，宣国良. 不同来源 FDI 在华技术溢出效应实证研究[J]. 科研管理，2005（9）.

[250] 纳尔逊，温特. 经济变迁的演化理论[M]. 商务印书馆，1997.

[251] 潘省初，冯媛，周凌窑. 基于2002《国民经济行业分类》国家标准的投入产出序列表的研制 [M] //刘宪春，刘起运. 中国投入产出理论与实践（2004）. 中国统计出版社，2005.

[252] 潘文卿. 外商投资对中国工业部门的外溢效应：基于面板数据的分析[J]. 世界经济，2003（6）.

[253] 裴长洪，樊瑛. 利用外资仍要坚持数量与质量并重[J]. 中国工业经济，2008（3）.

[254] 彭罗斯. 企业成长理论[M]. 上海三联出版社，2007.

[255] 平新乔等. 外国直接投资对中国企业的溢出效应分析：来自中国第一次全国经济普查数据的报告[J]. 世界经济，2007（8）.

[256] 邱斌，刘修岩，赵伟. 出口学习抑或自选择：基于中国制造业微观企业的倍差匹配检验[J]. 世界经济，2012（4）.

[257] 芮明杰，刘明宇，任江波. 论产业链整合[M]. 复旦大学出版社，2006.

[258] 沙文兵，孙君. FDI 知识溢出对中国高技术产业创新能力的影响——基于分行业面板数据的检验[J]. 经济学家，2010（11）.

[259] 沈坤荣，耿强. 外国直接投资、技术外溢与内生经济增长——中国数据的计量检验与实证分析[J]. 中国社会科学，2001（5）.

[260] 沈利生，王恒. 增加值率下降意味着什么[J]. 经济研究，2006（3）.

[261] 苏东水. 产业经济学[M]. 高等教育出版社，2000.

[262] 孙兆刚. 知识溢出的发生机制与路径研究［D］. 大连理工大学博士学位论文，2005.

[263] 涂涛涛. 外商直接投资对中国工业部门的外溢效应分析——基于分位数回归法[J]. 世界经济研究，2008（8）.

[264] 汤二子，刘海洋. 中国出口企业的“生产率悖论”与“生产率陷阱”——基于2008 年中国制造业企业数据实证分析[J]. 国际贸易问题，2011（9）.

[265] 唐宜红，林发勤. 异质性企业贸易模型对中国企业出口的适用性检验[J]. 南开经济研究，2009（6）.

[266] 陶锋. 吸收能力、价值链类型与创新绩效[J]. 中国工业经济，2011（1）.

[267] 王春法，姜江. FDI 与内生技术能力培育：中国案例研究[J]. 高科技产业化，2005（1）.

[268] 王国顺. 企业理论：能力理论[M]. 中国经济出版社，2006.

[269] 王华，许和连，杨晶晶. 出口、异质性与企业生产率——来自中国企业层面的证据[J]. 财经研究，2011（6）.

[270] 王红领，李稻葵，冯俊新. FDI 与自主研发：基于行业数据的经验研究[J]. 经济研究，2006（2）.

[271] 王文治. 跨国公司垂直技术转移、后向关联与东道国产业的发展[J]. 世界经济研究，2009（11）.

[272] 王耀中，刘舜佳. 基于前后向关联分析的外商直接投资与技术外溢[J]. 经济评论，2005（6）.

［273］王益民，宋琰纹．全球生产网络效应、集群封闭性及其升级悖论——基于大陆台商笔记本电脑产业集群的分析[J]. 中国工业经济，2007（4）.

［274］王永平，孟卫东．供应链企业合作竞争机制的演化博弈分析[J]. 管理工程学报，2004（2）.

［275］王争，孙柳媚，史晋川．外资溢出对中国私营企业生产率的异质性影响——来自普查数据的证据[J]. 经济学（季刊），2009（1）.

［276］王志刚，龚六堂，陈玉宇．地区间生产效率与全要素生产率增长率分解（1978～2003）[J]. 中国社会科学，2006（2）.

［277］魏江．产业集群——创新系统与技术学习[M]. 科学出版社，2003.

［278］魏江．基于知识观的企业技术能力研究[J]. 自然辩证法研究，1998（11）.

［279］魏江．知识学习与企业技术能力增长[M]. 科学出版社，2006.

［280］温忠麟，侯杰泰，张雷．调节效应与中介效应的比较和应用[J]. 心理学报，2005，37（2）.

［281］冼国明，葛顺奇．跨国公司 FDI 与东道国外资政策演变[J]. 南开经济研究，2002（1）.

［282］冼国明．国际投资概论[M]. 首都经济贸易大学出版社，2004.

［283］谢识予．经济博弈论（第二版）[M]. 复旦大学出版社，2002.

［284］徐盈之，赵豫．中国信息制造业全要素生产率变动——区域差异与影响因素研究[J]. 中国工业经济，2007（10）.

［285］许和连，魏颖绮，赖明勇，王晨刚．外商直接投资的后向链接溢出效应研究[J]. 管理世界，2007（4）.

［286］薛漫天，赵曙东．外国直接投资的行业内与行业间溢出效应：哪些行业受益？[J]. 南开经济研究，2008（1）.

［287］严兵．外商在华直接投资的行业间溢出效应——基于我国

工业部门相关数据的初步分析[J]. 亚太经济，2006（1）.

[288] 颜鹏飞，王兵．技术效率、技术进步与生产率增长：基于DEA的实证分析[J]. 经济研究，2004（12）.

[289] 杨亚平．FDI技术行业内溢出还是行业间溢出：基于广东工业面板数据的经验分析[J]. 中国工业经济，2007（11）.

[290] 杨亚平．基于隐性知识转化的企业技术能力演进分析［J]. 工业技术经济，2006（8）.

[291] 杨亚平．FDI技术溢出与内外资企业生产率变化——对广东制造业的实证分析[J]. 暨南学报，2010（1）.

[292] 杨亚平．FDI对广东制造业的技术溢出的实证研究——基于分位数回归方法[J]. 经济经纬，2009（5）.

[293] 杨亚平．FDI技术行业内和行业间溢出的实证研究评述[J]. 生产力研究，2010（4）.

[294] 杨亚平．我国制造业对外直接投资的产业政策选择[J]. 经济纵横，2006（6）.

[295] 杨亚平，成达建．外商对华直接投资技术溢出效应及影响因素分析——从东道国的角度来考察[J]. 科技管理研究，2005（6）.

[296] 杨亚平，李晶．出口强度、资本密集度对中国出口企业自选择效应和学习效应的影响[J]. 产经评论，2014，5（1）.

[297] 杨亚平，温勉．吸收能力对FDI技术溢出的调节效应研究[J]. 产经评论，2012（4）.

[298] 杨亚平，干春晖．后向关联、技术溢出与本土供应商生产率提升——基于制造业企业大样本数据的实证研究[J]. 经济管理，2011（9）.

[299] 杨亚平，朱卫平．企业边界的动态演进分析——基于契约论和知识能力论的双重视角［J］．学术交流，2007（7）.

[300] 杨亚平．知识溢出、吸收能力与本土供应商创新绩效——基于珠三角制造业企业的实证分析[J]. 经济经纬，2012（2）.

[301] 杨亚平．FDI技术溢出与中国工业内资企业生产率提升——基于后向关联的视角[M]. 经济科学出版社，2011.

[302] 杨文举．技术效率、技术进步、资本深化与经济增长：基

于 DEA 的经验分析[J]. 世界经济，2006 (5).

[303] 姚洋. 非国有经济成分对我国工业企业技术效率的影响[J]. 经济研究，1998 (12).

[304] 尹静，平新乔. 中国地区（制造业行业）间的技术溢出分析[J]. 产业经济研究，2006 (1).

[305] 于明超，刘志彪，江静. 外来资本主导代工生产模式下当地企业升级困境——以中国台湾笔记本电脑内地封闭式网络为例 [J]. 中国工业经济，2006 (11).

[306] 余光胜. 一种全新的企业理论——企业知识理论[J]. 外国经济与管理，2000 (2).

[307] 袁诚，陆挺. 外商直接投资与管理知识溢出效应——来自中国民营企业家的证据[J]. 经济研究，2005 (3).

[308] 涂正革，肖耿. 中国的工业生产力革命——用随机前沿生产模型对中国大中型工业企业全要素生产率增长的分解及分析[J]. 经济研究，2005 (3).

[309] 张海洋. R&D 两面性、外资活动与中国工业生产率增长[J]. 经济研究，2005 (5).

[310] 张杰，李勇，刘志彪. 出口促进中国企业生产率提高吗？——来自中国本土制造业企业的经验证据：1999 ~ 2003 [J]. 管理世界，2009 (12).

[311] 张纪. 产品内国际分工中的收益分配——基于笔记本电脑商品链的分析[J]. 中国工业经济，2006 (7).

[312] 张建华，欧阳轶雯. 外商直接投资，技术外溢与经济增长——对广东数据的实证分析[J]. 经济学（季刊），2003，2 (3).

[313] 张倩肖，冯根福. 三种 R&D 溢出与本地企业技术创新——基于我国高技术产业的经验分析[J]. 中国工业经济，2007 (11).

[314] 张维迎. 博弈论与信息经济学[M]. 上海人民出版社，1996.

[315] 张亚斌，肖竞成，艾洪山. 外商直接投资与我国技术进步——基于关联渠道分析的实证检验[J]. 南开经济研究，2007 (5).

[316] 赵伟，李淑贞. 出口与企业生产率：由实证而理论的最新

拓展[J]. 国际贸易问题，2007 (7).

[317] 赵伟，赵金亮，韩媛媛. 企业出口决策："被迫"还是"自选择"——浙江与广东的经验比较[J]. 当代经济科学，2011 (1).

[318] 赵伟，赵金亮，韩媛媛. 异质性、沉没成本与中国企业出口决定：来自中国微观企业的经验证据[J]. 世界经济，2011 (4).

[319] 赵伟，赵金亮. 生产率决定中国企业出口倾向吗？——企业所有制异质性视角分析[J]. 财贸经济，2011 (5).

[320] 赵增耀，王喜. 产业竞争力、企业技术能力与外资的溢出效应[J]. 管理世界，2007 (12).

[321] 郑秀君. 我国外商直接投资 (FDI) 技术溢出效应实证研究述评：1994～2005 [J]. 数量经济技术经济研究，2006 (8).

[322] 中国商务部. 中国外商投资报告 (2011) [R]. 中国商务部网站，http://www.mofcom.gov.cn.

[323] 钟昌标. 外商直接投资的横向和纵向溢出：对中国电子行业的分析[J]. 世界经济，2006 (11).

[324] 钟昌标. 外商直接投资地区间溢出效应研究[J]. 经济研究，2010 (1).

[325] 周燕，齐中英. 基于不同特征 FDI 的溢出效应比较研究[J]. 中国软科学，2005 (2).

[326] 朱方伟等. 技术转移中隐性知识转化的研究[J]. 科学学与科学技术管理，2004 (11).

[327] 朱钟棣，李小平. 中国工业行业资本形成、全要素生产率变动及其趋异化——基于分行业面板数据的研究[J]. 世界经济，2005 (9).

[328] 李春顶，赵美英. 出口贸易是否提高了我国企业的生产率？——基于中国 2007 年制造业企业数据的检验[J]. 财经研究，2010 (4).

[329] 刘民权，许罗丹. 外商直接投资与联系效应：来自广东省的一些调查研究成果 [R] //文贯中等. WTO 与中国：走经济全球化发展之路. 人民大学出版社，2001.

[330] 李胜文，李大胜. 我国全要素生产率增长的区域差异[J].

数量经济技术经济研究，2006（9）.

［331］郑京海，刘小玄，Arne Bigsten. 1980～1994 年间中国国有企业的效率、技术进步和最佳实践[J]. 经济学（季刊），2002（2）.

［332］郑京海，胡鞍钢．中国改革时期省际生产率增长变化的实证分析（1979～2001 年）［J］. 经济学（季刊），2005（1）.

［333］张军，陈诗一，Gary H. Jefferson. 结构改革与中国工业增长[J]. 经济研究，2009（7）.

［334］李小平，朱钟棣．国际贸易、R&D 溢出和生产率增长[J]. 经济研究，2006（2）.

［335］陈勇，唐朱昌．中国工业的技术选择与技术进步：1985～2003［J］. 经济研究，2006（9）.

［336］胡隆基，张毅．吸收能力、技术差距对国际技术溢出的影响研究：基于中国电子信息产业的调查数据[J]. 科研管理，2010（5）.

［337］邵军，徐康宁．外商直接投资、人力资本与中国工业部门技术进步——基于吸收能力的 FDI 技术外溢研究[J]. 东南大学学报（哲学社会科学版），2008（5）.

［338］黄凌云，范艳霞，刘夏明．基于东道国吸收能力的 FDI 技术溢出效应[J]. 中国软科学，2007（3）.

［339］邵敏．出口贸易是否促进了我国劳动生产率的持续增长［J］. 数量经济技术经济研究，2012（2）.

［340］许晓娟，智冬晓．中国本土企业获得 FDI 垂直技术溢出——基于 1999～2006 年中国制造业企业的实证研究[J]. 中国软科学，2013（8）.

［341］许斌．外贸、外资和中国民营企业的生产率［M］//林双林，王振中，尹尊声. 民营经济与中国发展．北京大学出版社，2006.

［342］姚洋，章奇．中国工业企业技术效率分析[J]. 经济研究，2001（10）.

［343］杨学军．珠海外商投资企业基于后向联系的技术溢出状况分析[J]. 珠海市行政学院学报，2005（1）.

［344］杨亚平．FDI 技术溢出与中国工业内资企业生产率提

升——基于后向关联的视角［M］. 经济科学出版社，2010.

［345］阳小晓，赖明勇 . FDI 与技术外溢：基于金融发展的理论视角及实证研究［J］. 数量经济技术经济研究，2006（6）.

［346］易靖韬 . 企业异质性、市场进入成本、技术溢出效应与出口参与决定［J］. 经济研究，2009（9）.

［347］张纯洪，吴迪 . 日本在华汽车厂商供应商选择倾向问题研究［J］. 四川大学学报（哲学社会科学版），2010（2）.

［348］周燕，蔡宏波 . 中国工业行业全要素生产率增长的决定因素：1996～2007［J］. 北京师范大学学报（社会科学版），2011（1）.

［349］郑慕强 . FDI 技术外溢效应与本地企业技术创新——基于闽粤 139 家本地企业的实证研究［J］. 科学学研究，2009（11）.

后　记

本书是在我近年来发表的学术论文和主持的国家自然科学基金青年项目《基于吸收能力和技术溢出的本土供应商生产率提升研究》阶段性研究成果的基础上修改完成的。我对技术溢出问题的关注始于硕士阶段的毕业论文选题，之后发表了多篇相关的学术论文。在攻读博士学位阶段，我以此作为研究方向，从而对这一领域有更深入和系统的研究，并在博士论文的基础上出版了《FDI 技术溢出与中国工业内资企业生产率提升——基于后向关联的视角》一书。但由于当时研究条件和水平等的限制，还存在较多不足之处。

参加工作和进入上海财经大学应用经济学流动站后，我对这个问题进行了继续探索，并侧重从吸收能力和本土供应商的视角研究技术溢出问题，成功申报了国家自然科学基金、中国博士后特别资助项目和一般项目等。本书就是近期发表的学术论文和主持及参与的科研项目部分研究成果的结合。

本书包括了许多合作者的贡献，如我的博士后联系导师干春晖教授、我主持课题的课题组成员以及我指导的硕士研究生温勉、李晶、刘灿妍、吴祝红等。具体来说，硕士研究生温勉和李晶与我分别合作完成了第六章和第七章的内容，硕士研究生刘灿妍、吴祝红更新了第四章数据，硕士研究生杜敏哲为第四章 DEA 两期 M 指数方法提供了技术支持，硕士研究生李晶对第八章样本数据的处理也有贡献。干春晖教授在繁忙的工作之余给予了我悉心指导，时常鼓励我潜心学问，做出高水平成果。在博士后工作站期间，干老师对我的严格要求和提出的良好意见让我受益良多。干老师严谨的治学态度、高深的学术造诣和虚怀若谷的胸怀令我钦佩，是我学习的榜样。

本书的出版得到国家自然科学基金青年项目（批准号：71203077）、国家自然科学基金重点项目（批准号：71333007）、中央高校基本科研业务费专项资金（暨南远航计划，批准号：12JNYH002；暨南跨越计划，批准号：12JNKY001；暨南大学引进人才配套项目，批准号：12614802）、广东省学科发展专项基金理论经济学学科的资助。本书能顺利出版也离不开经济管理出版社编辑们认真、高效的工作。我还要感谢暨南大学各级领导和经济学系同事一直以来对我的指导和帮助。

我的家人一如既往地支持我的教学科研工作，是我继续前行的不竭动力，谢谢你们！

杨亚平

2014 年 7 月于广州